Libro da colorare

Vetro colorato

Coloring Pages for Kids

Coloring Pages for Kids
An imprint of Ciparum LLC

Libro da colorare vetro colorato
© 2017 Ciparum LLC
All rights reserved.
ISBN-10:1-63589-418-2
ISBN-13:978-1-63589-418-9

Coloring Pages for Kids

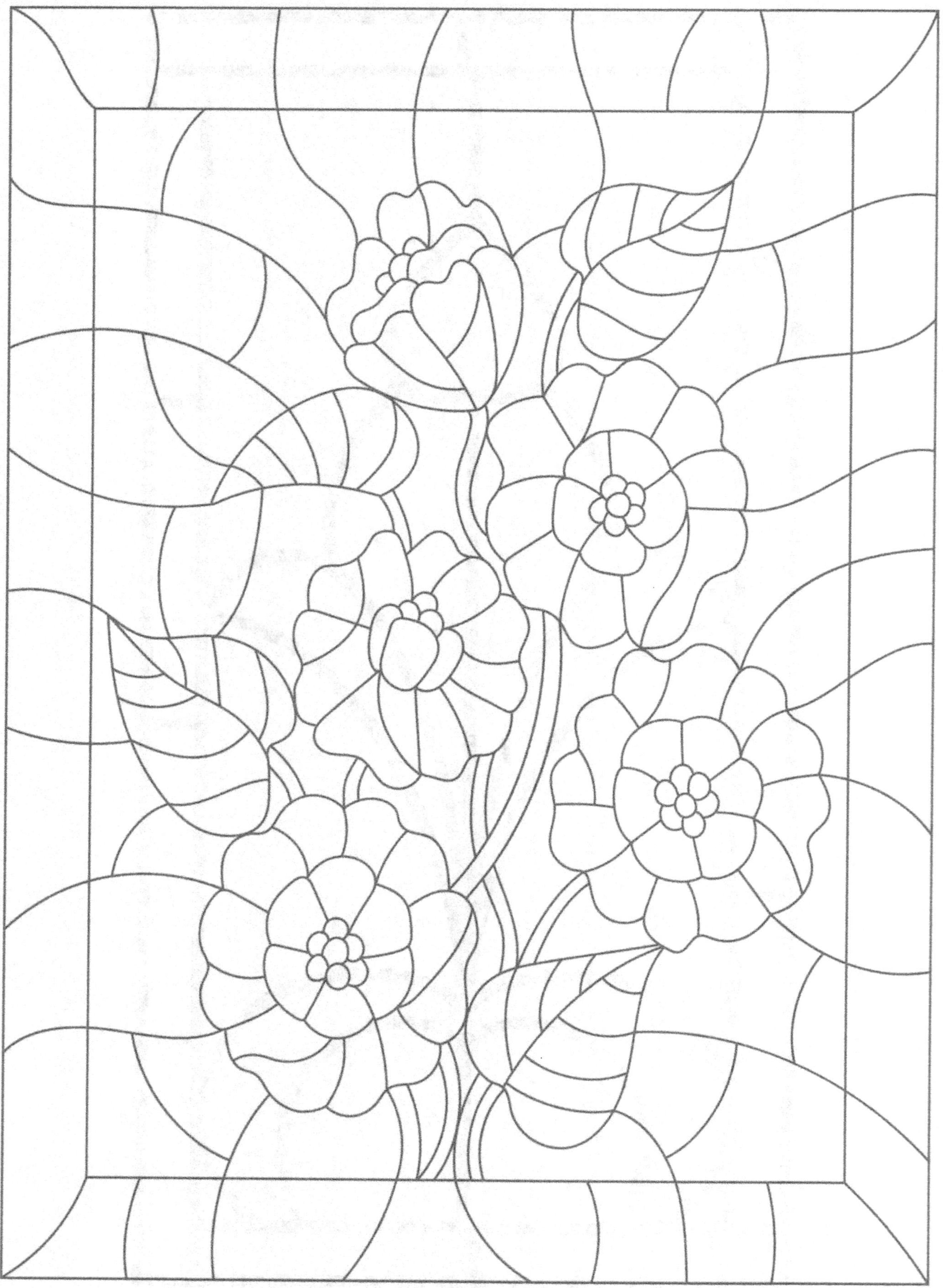

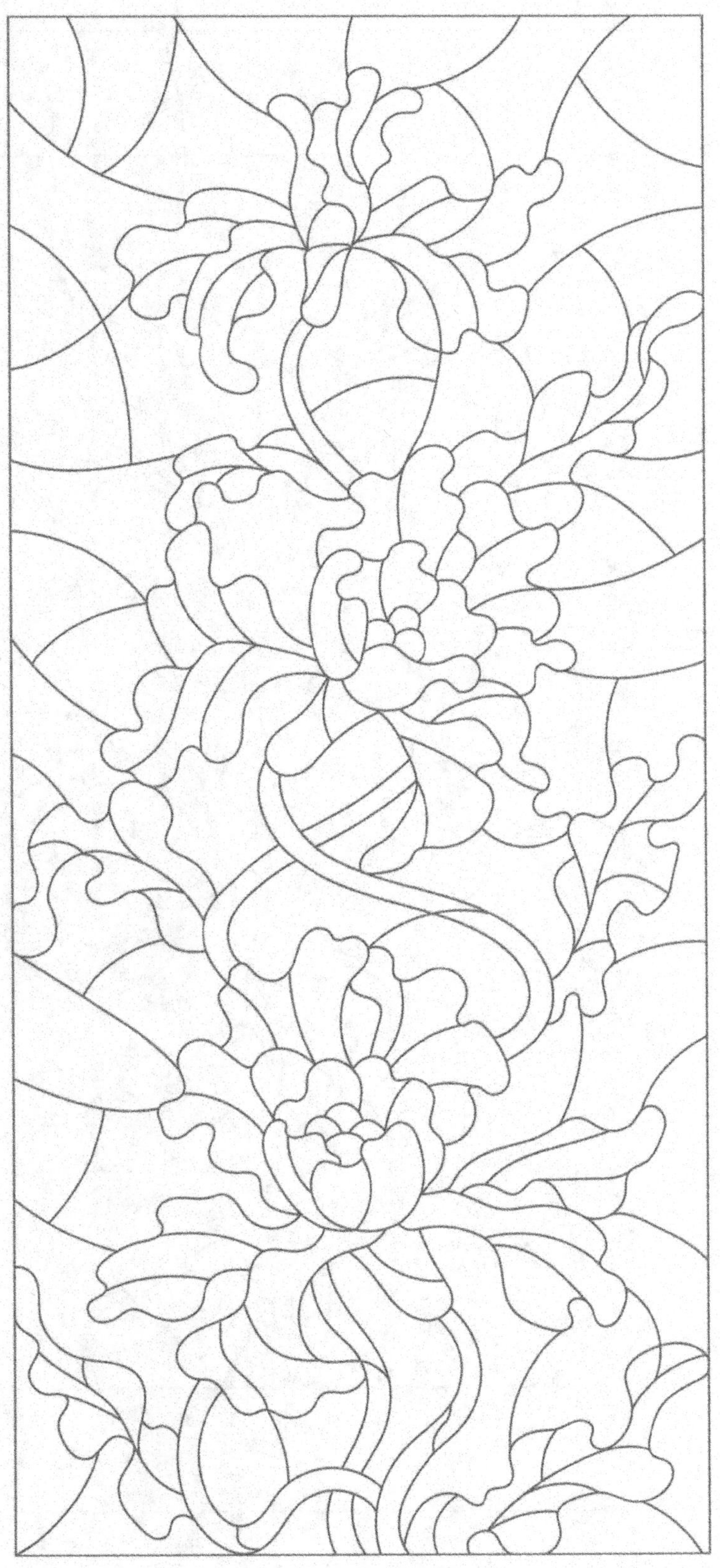

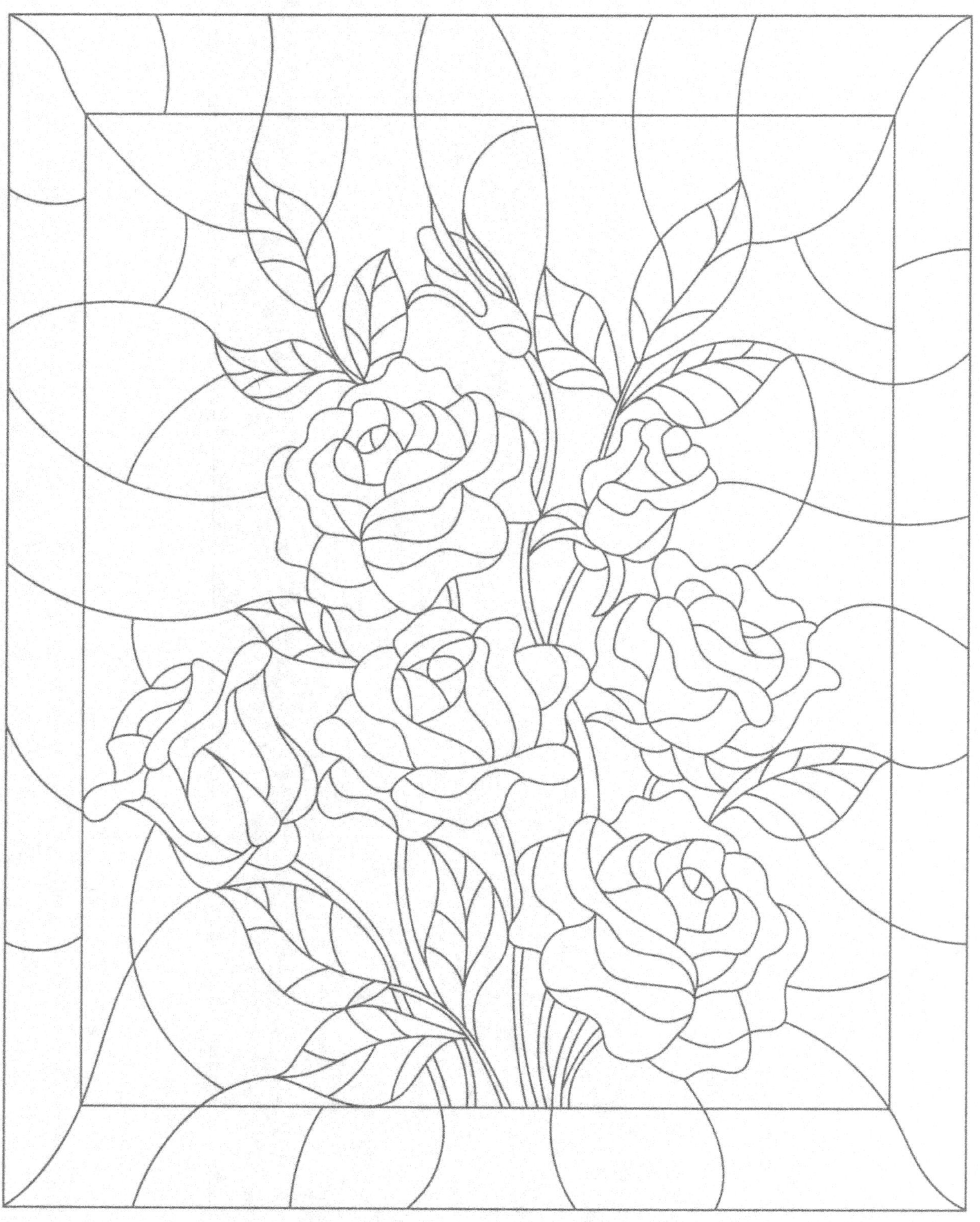

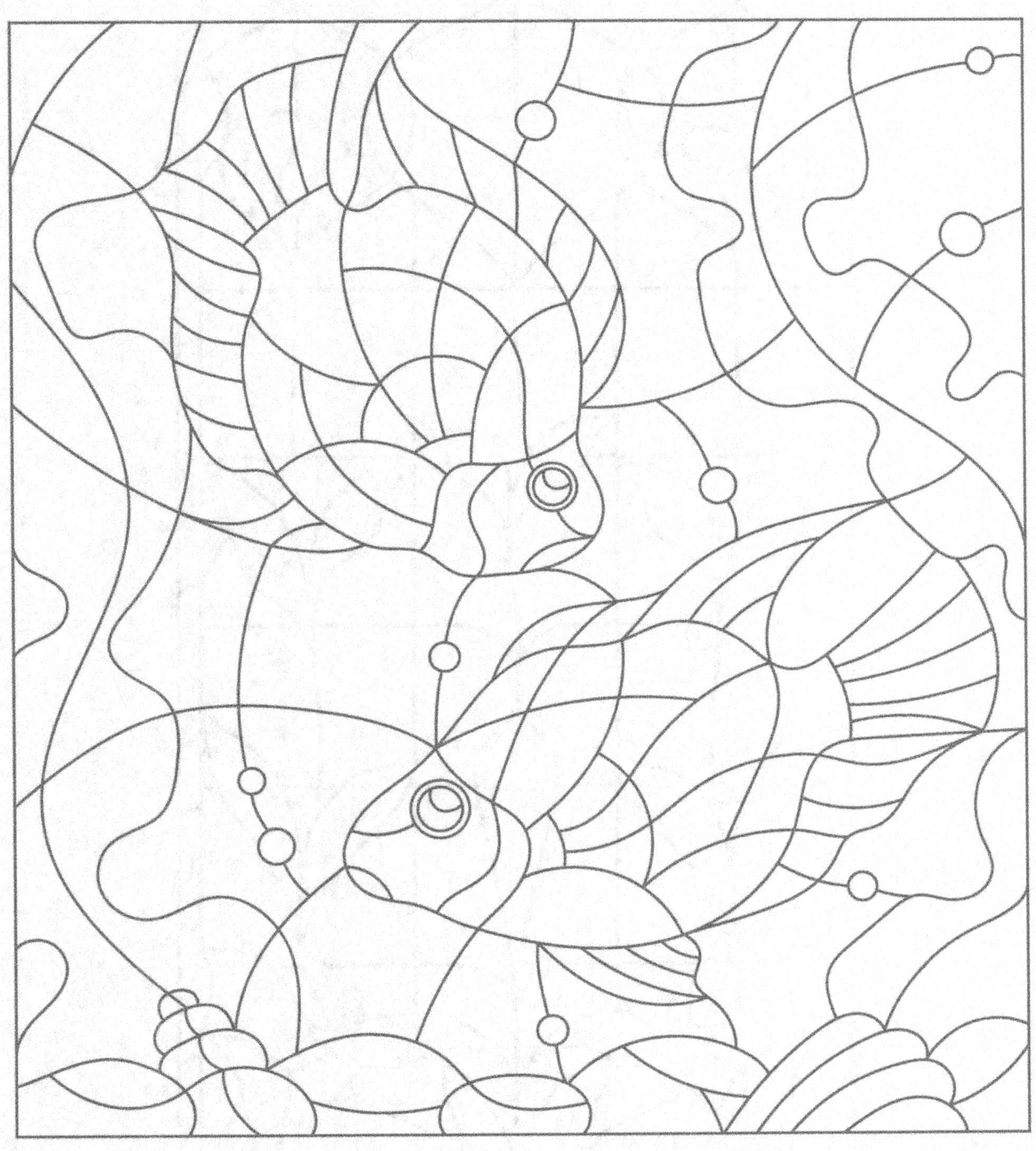

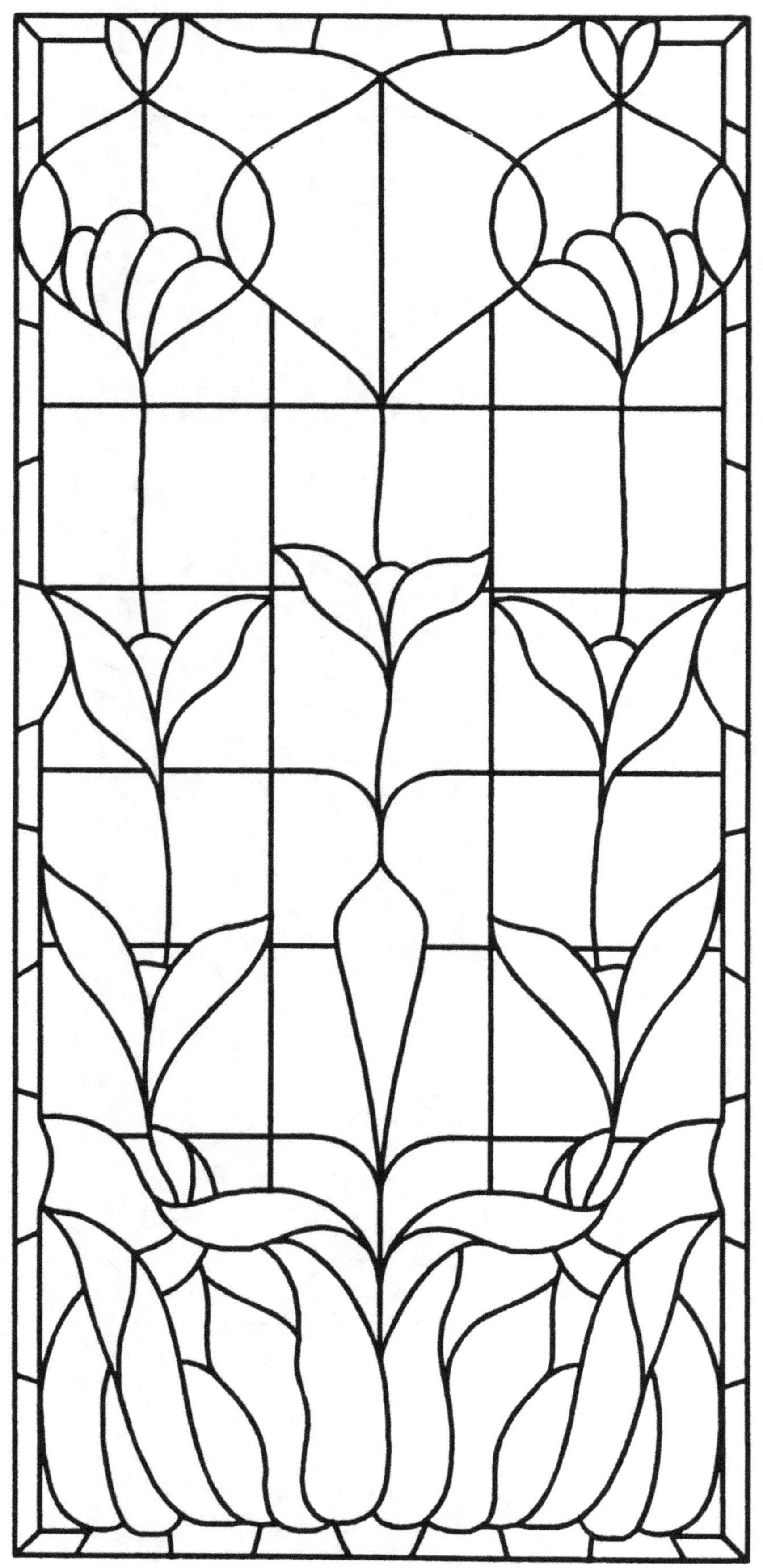

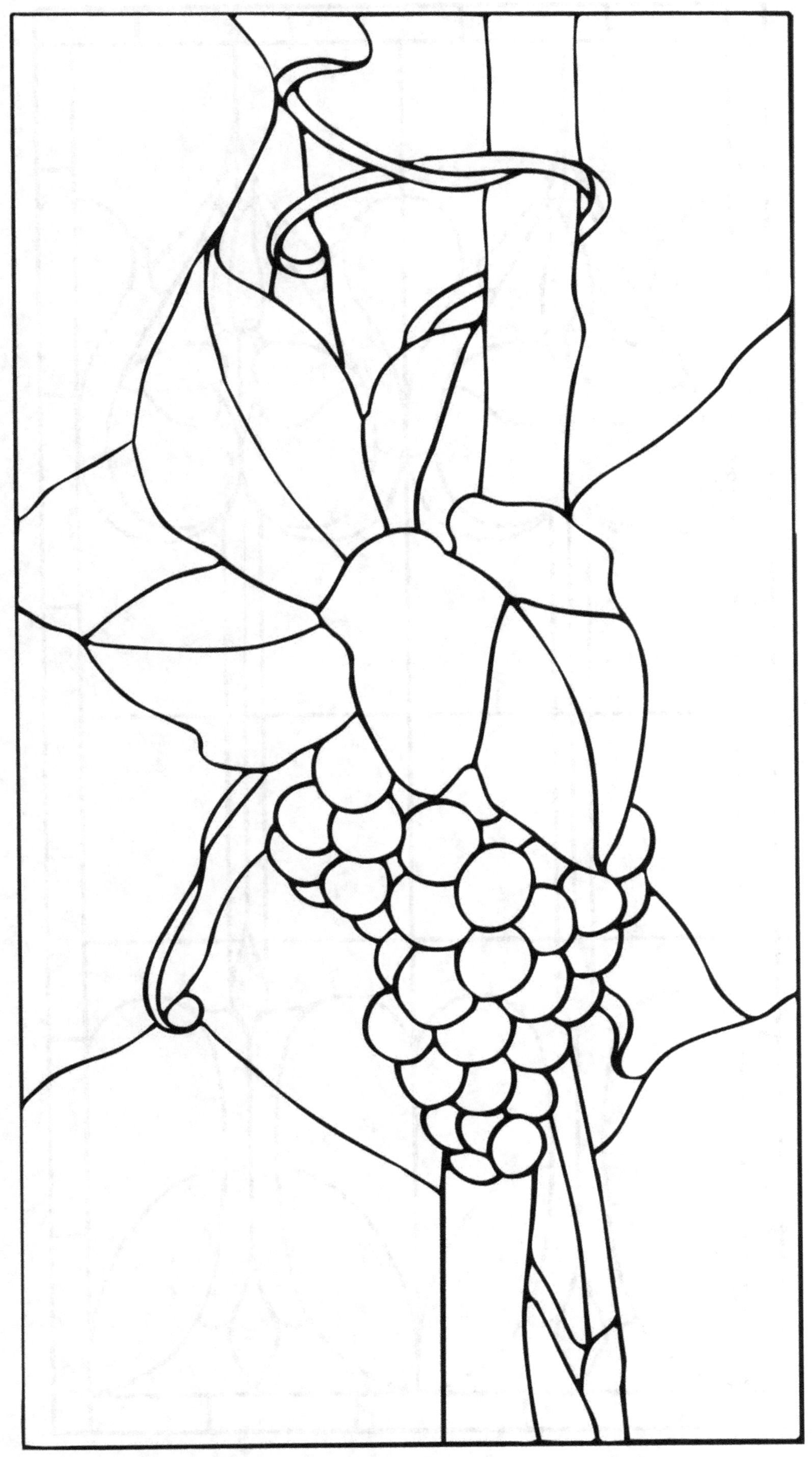

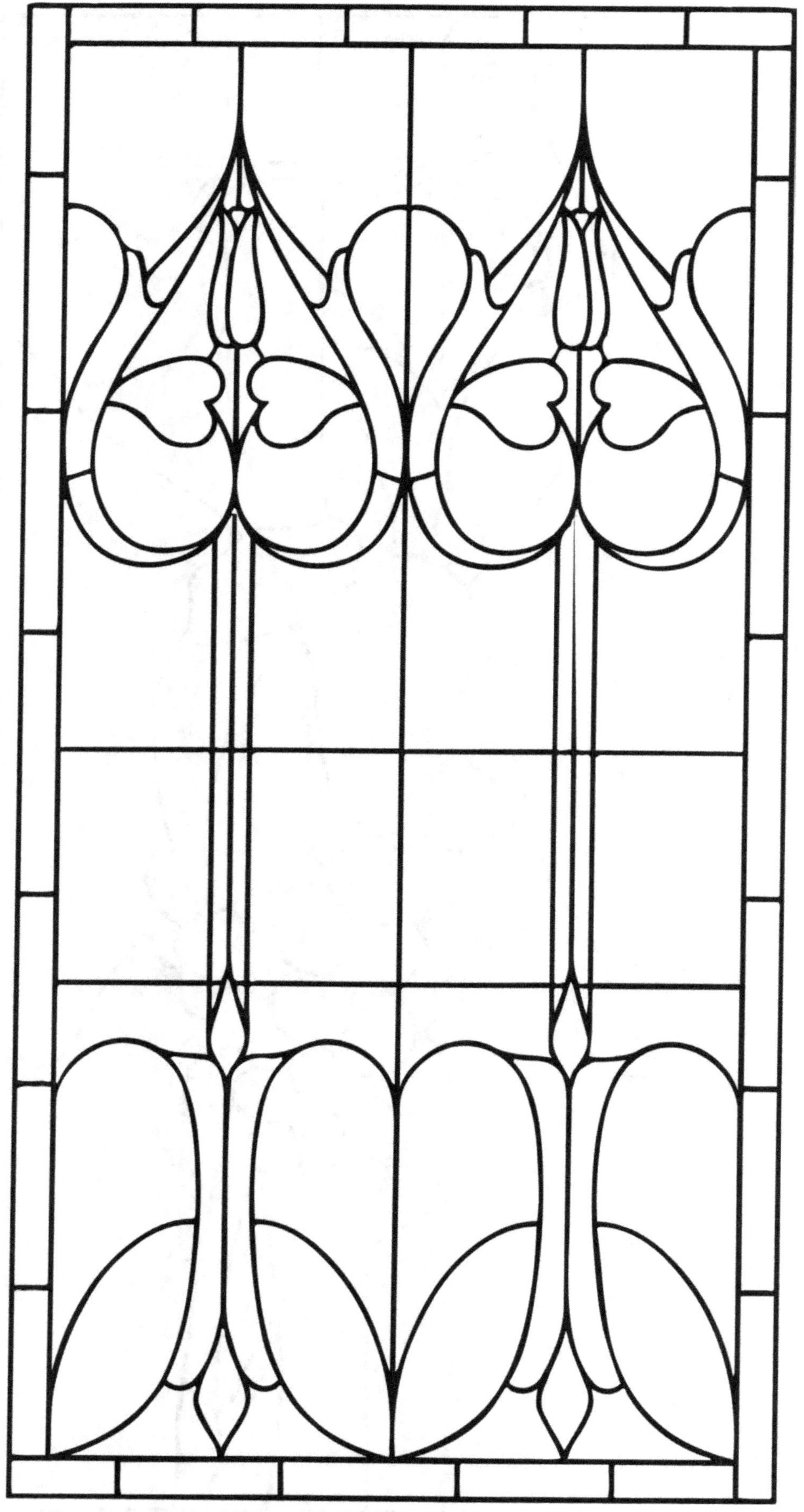

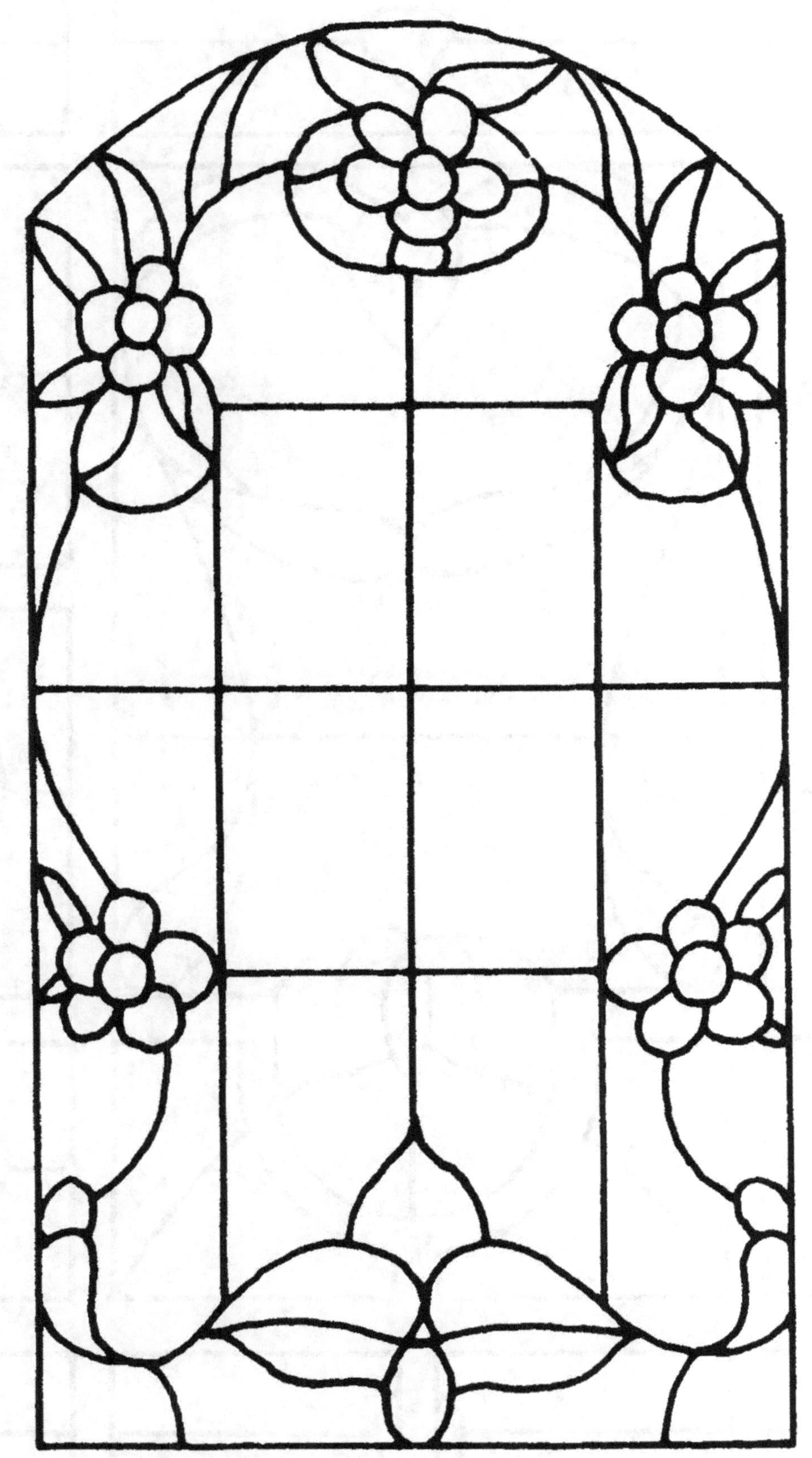

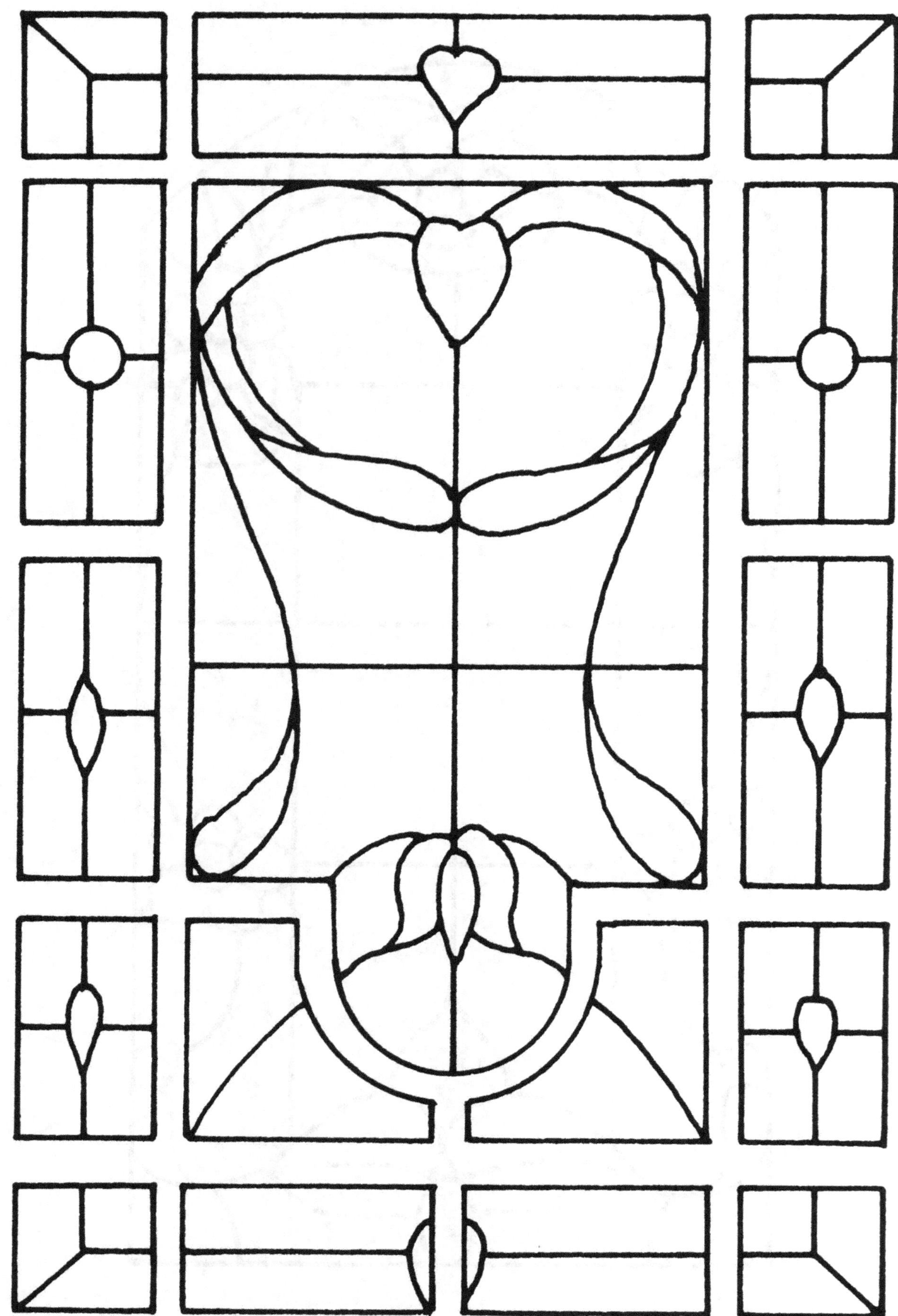

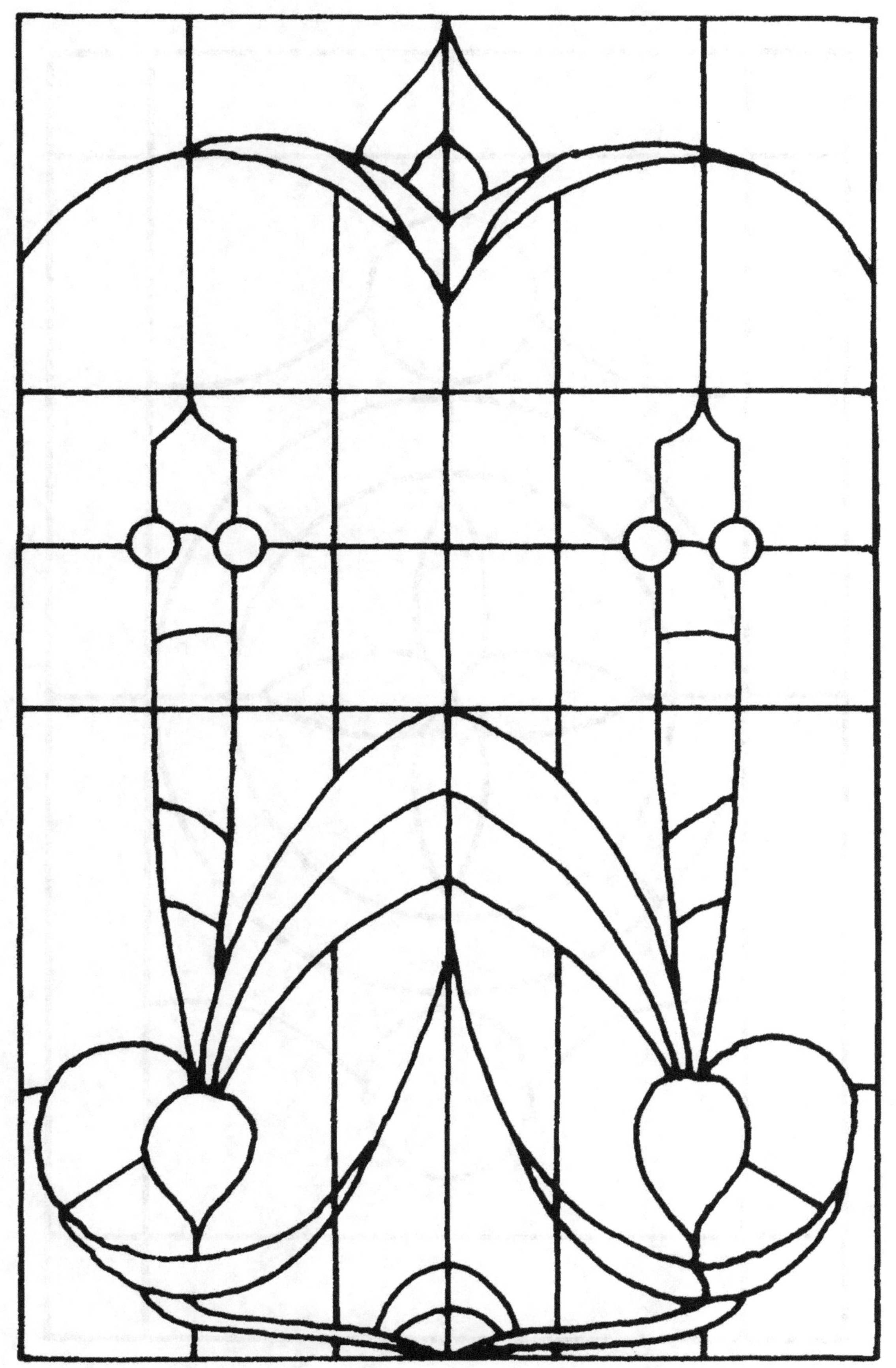

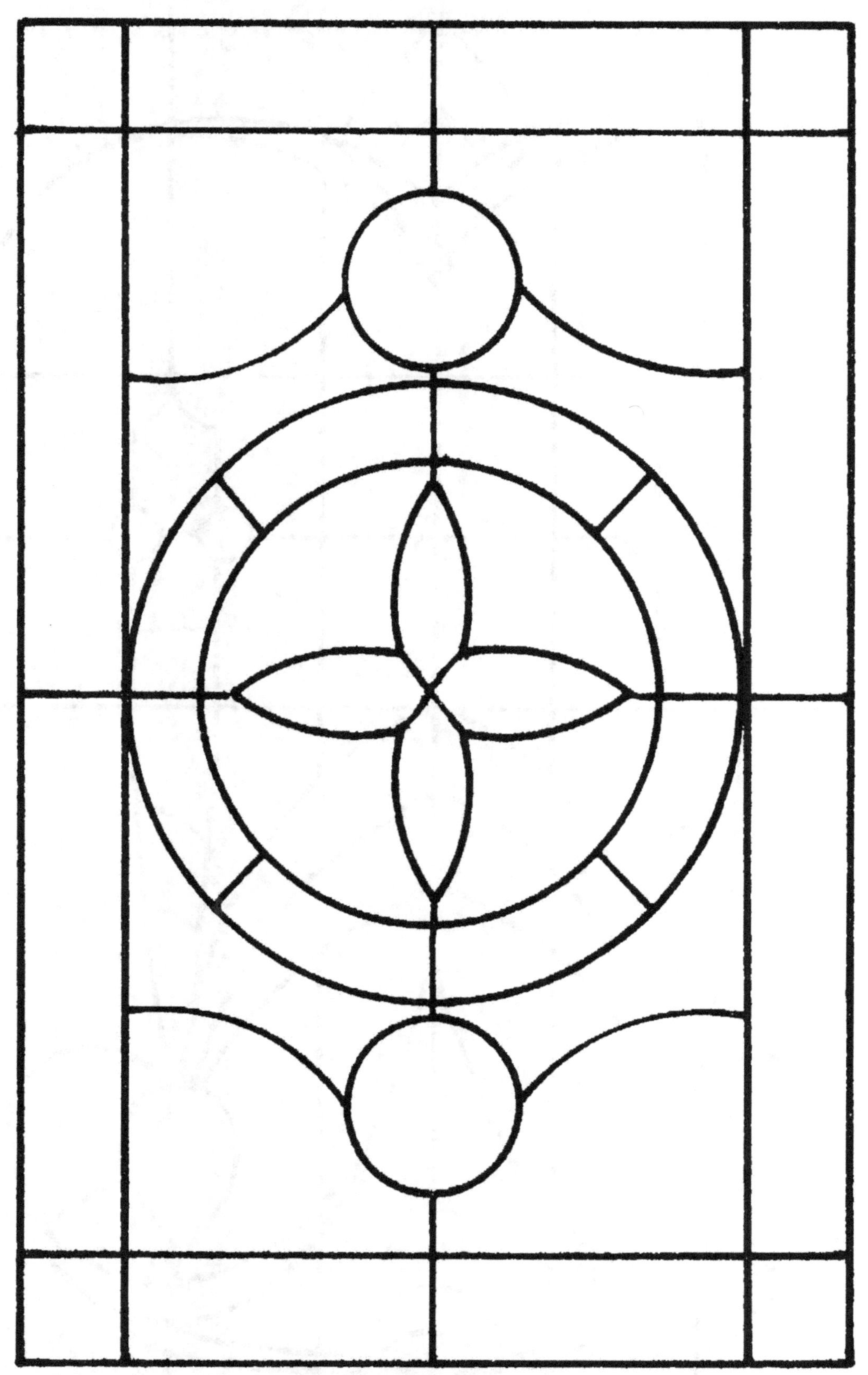

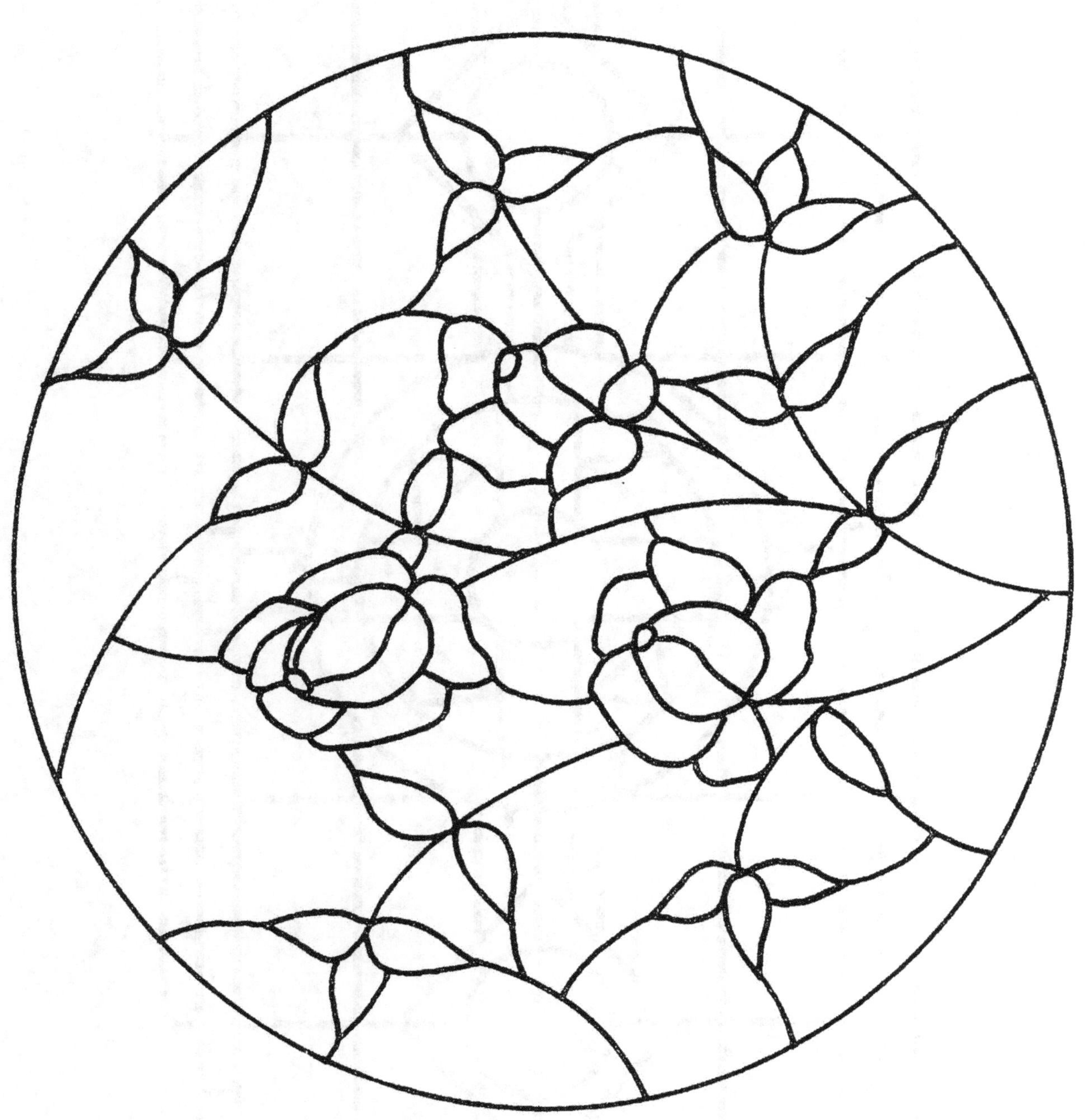

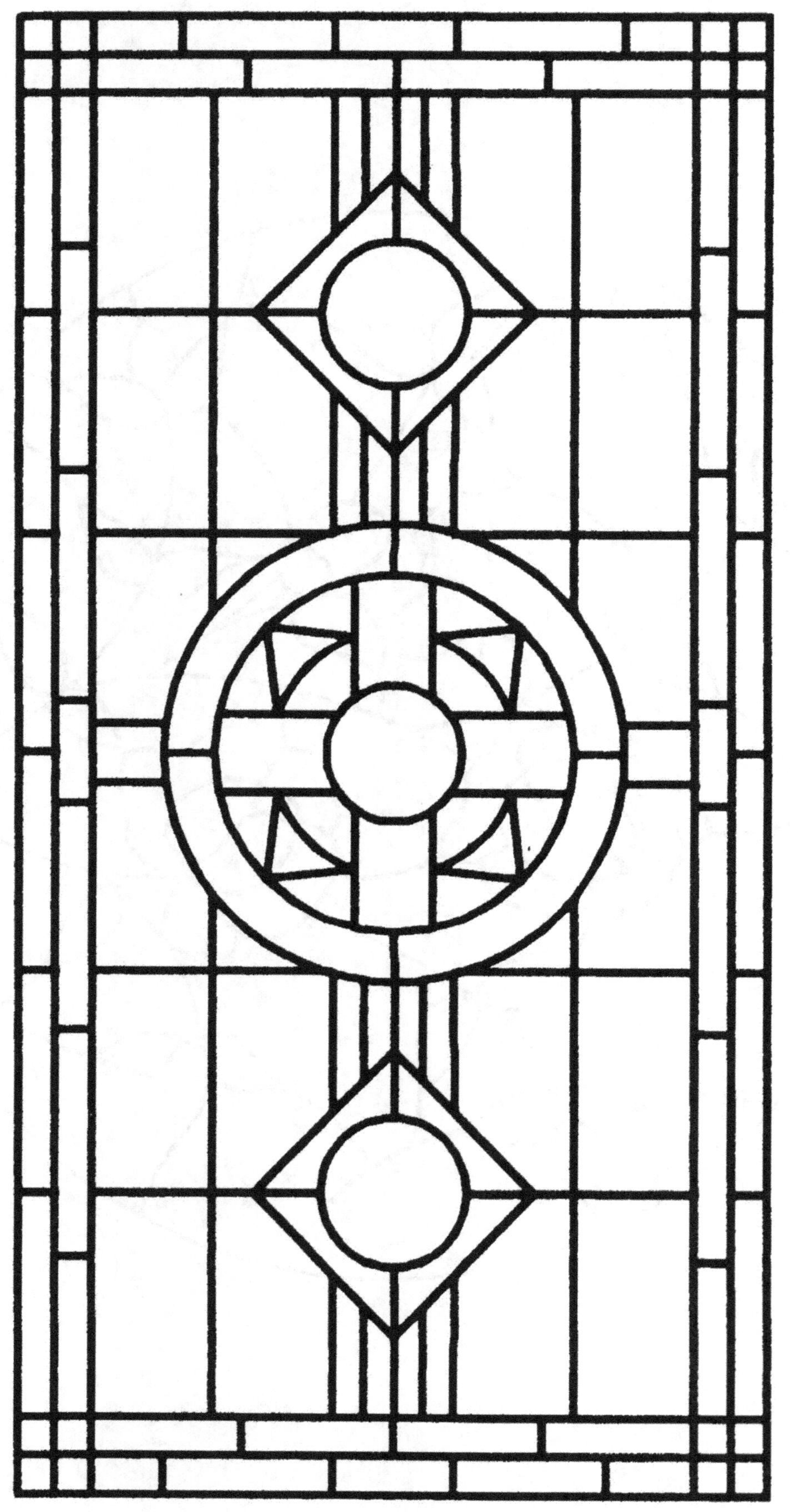

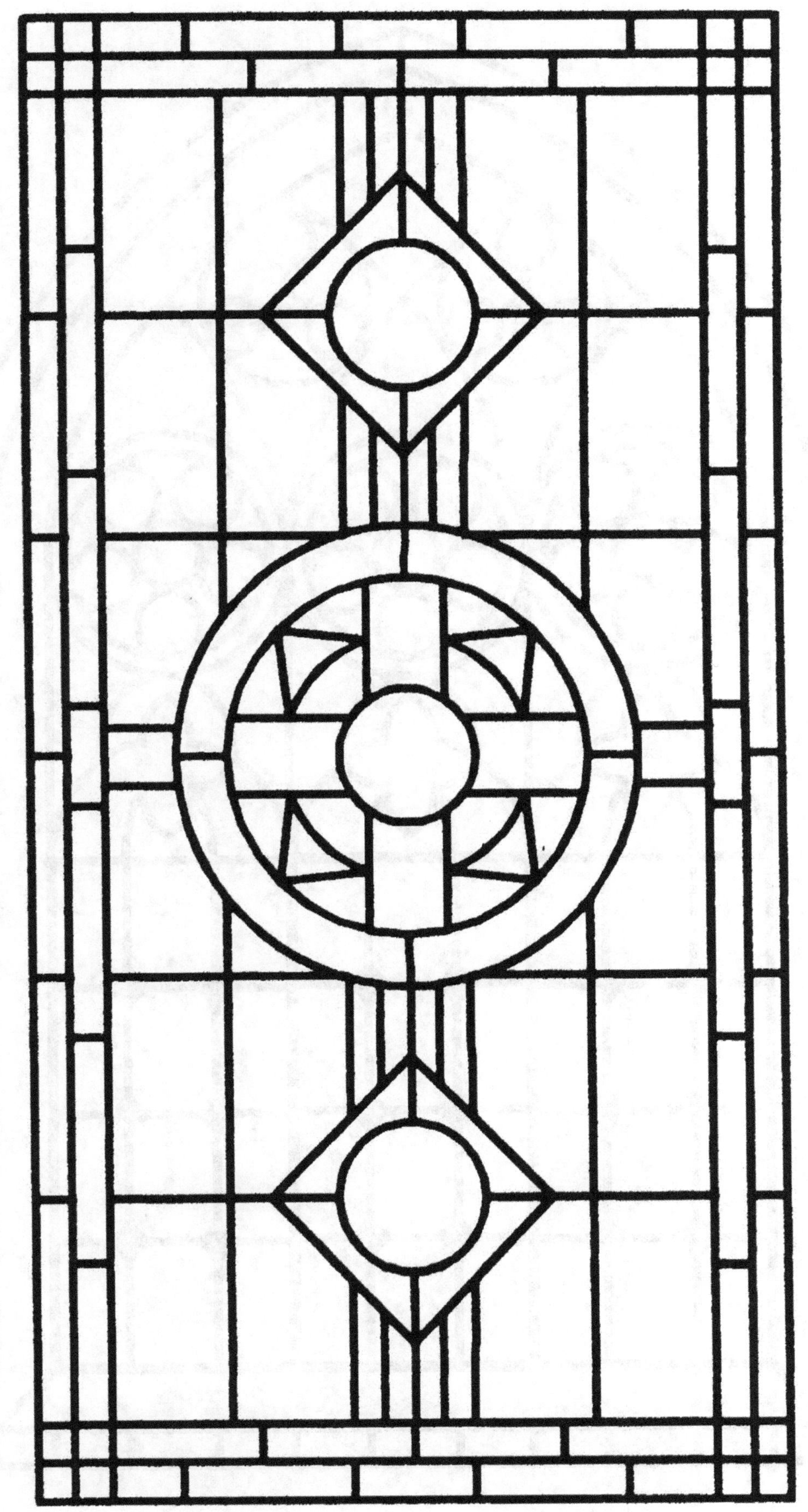

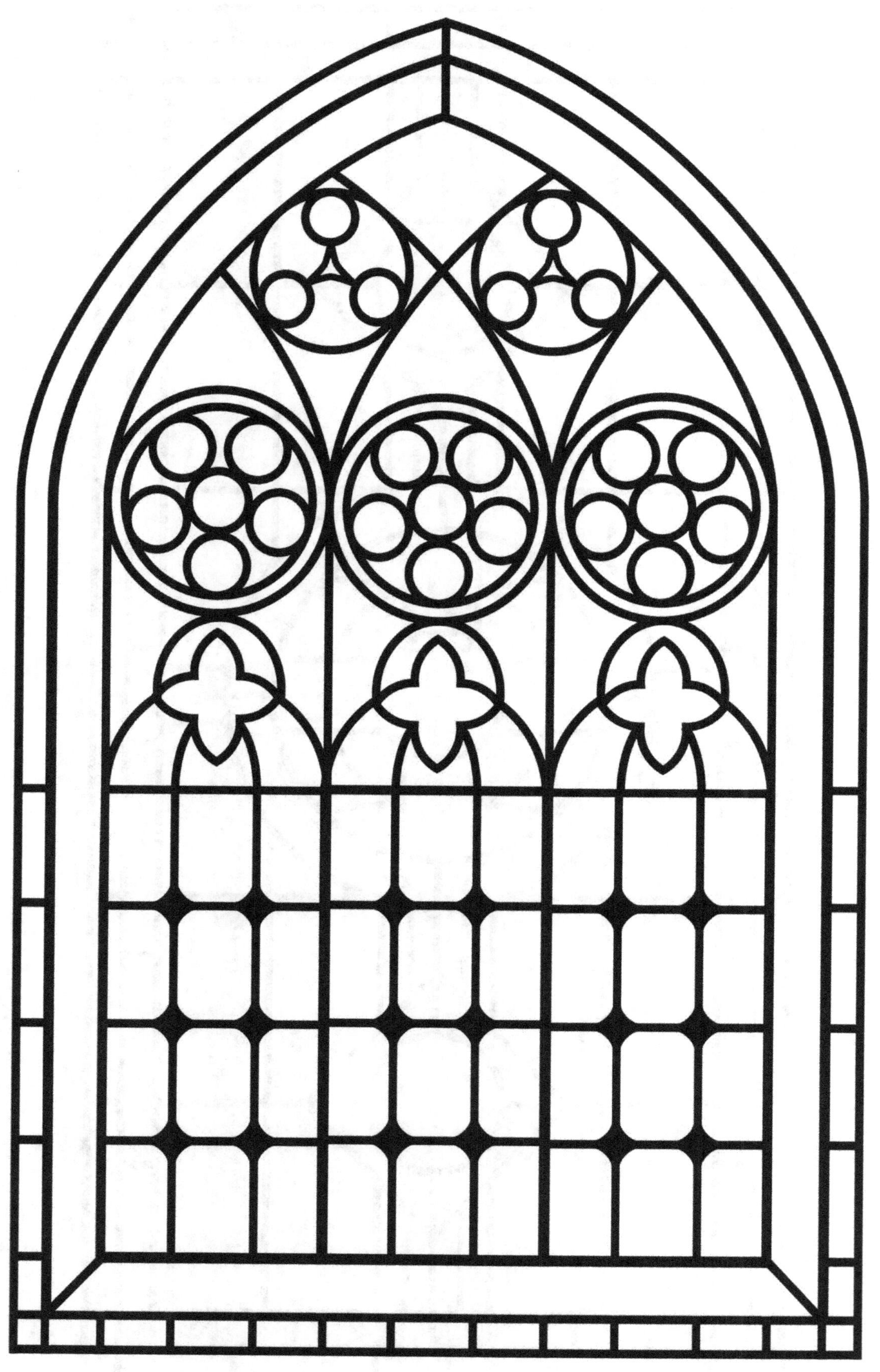

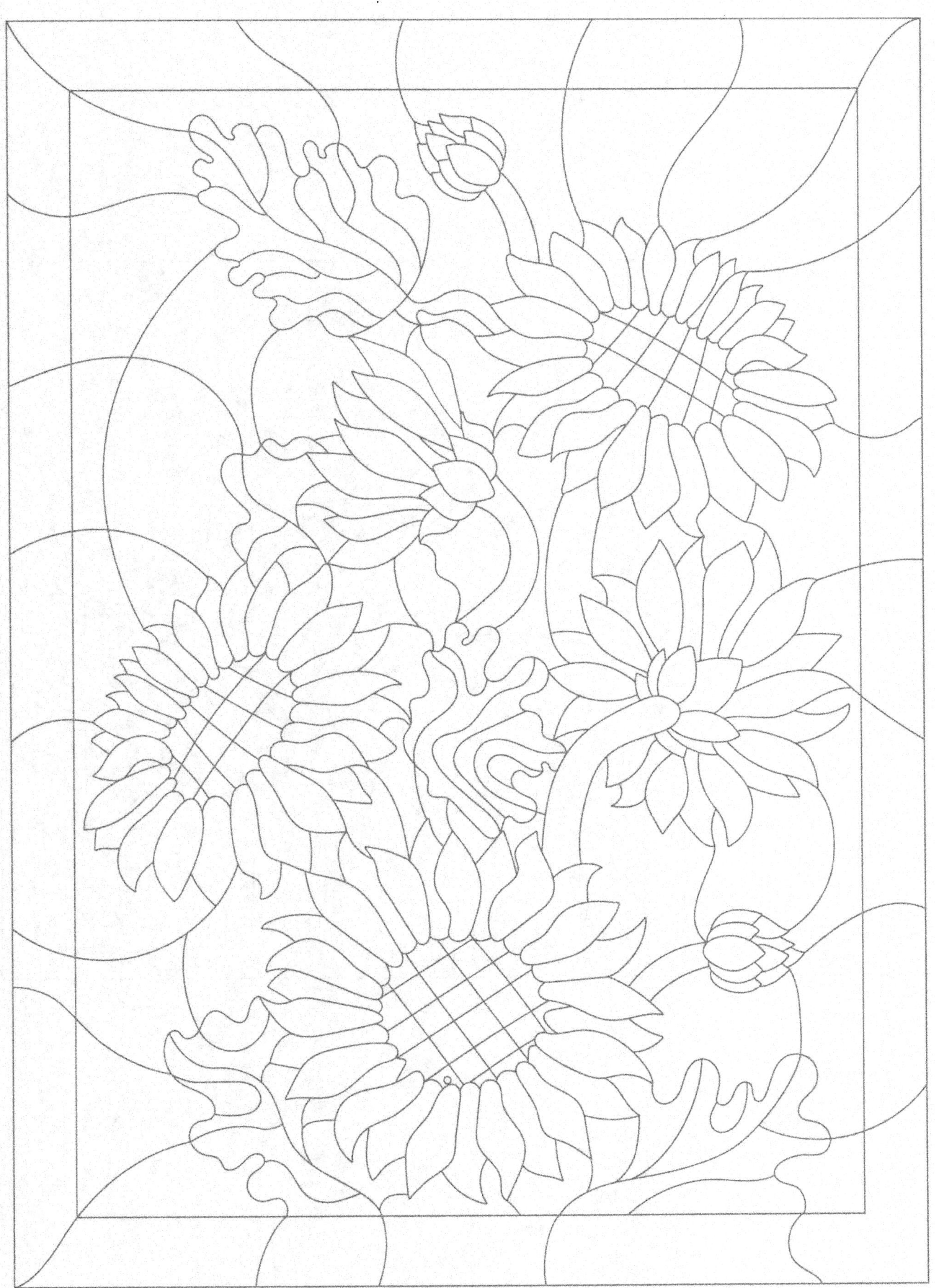

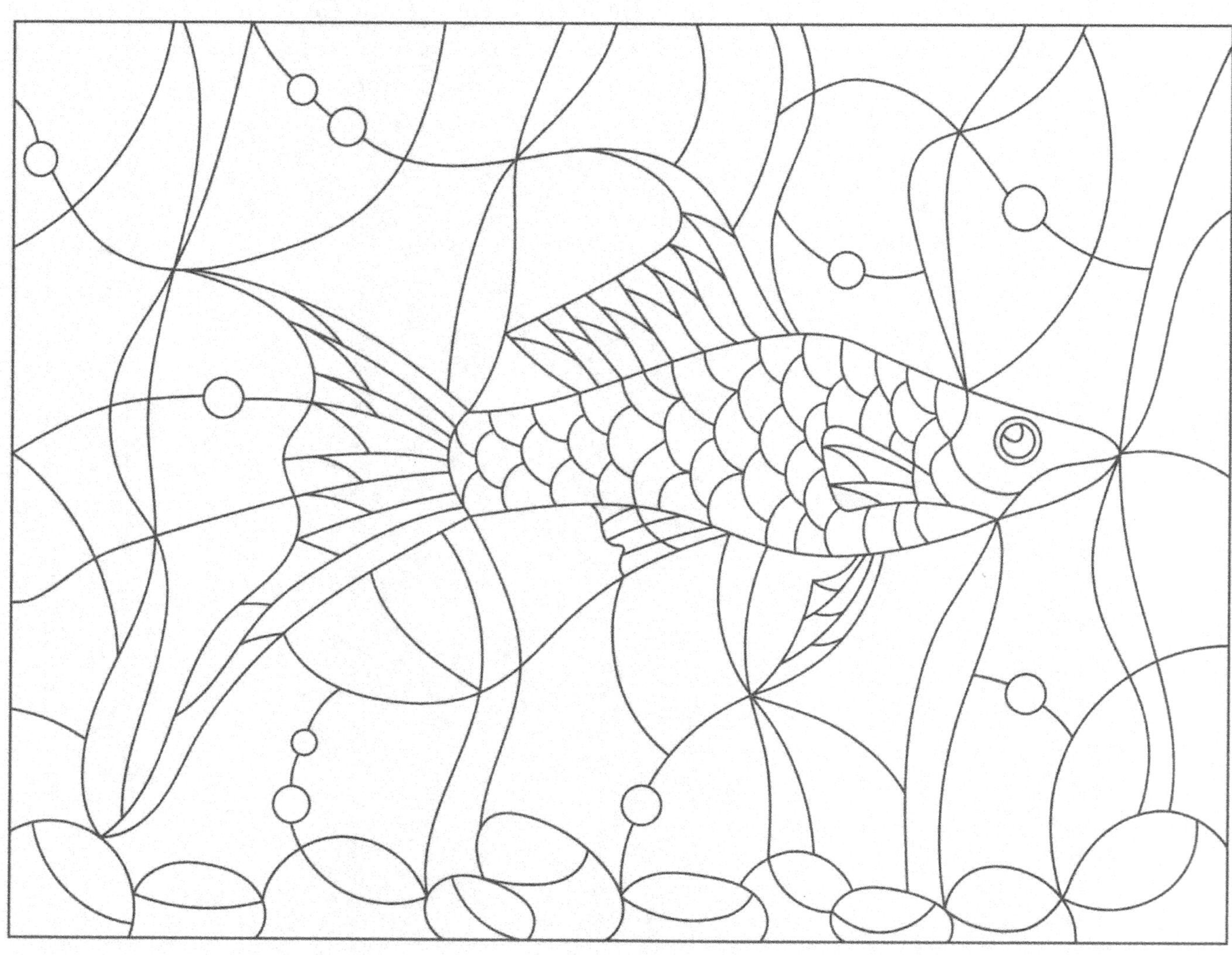

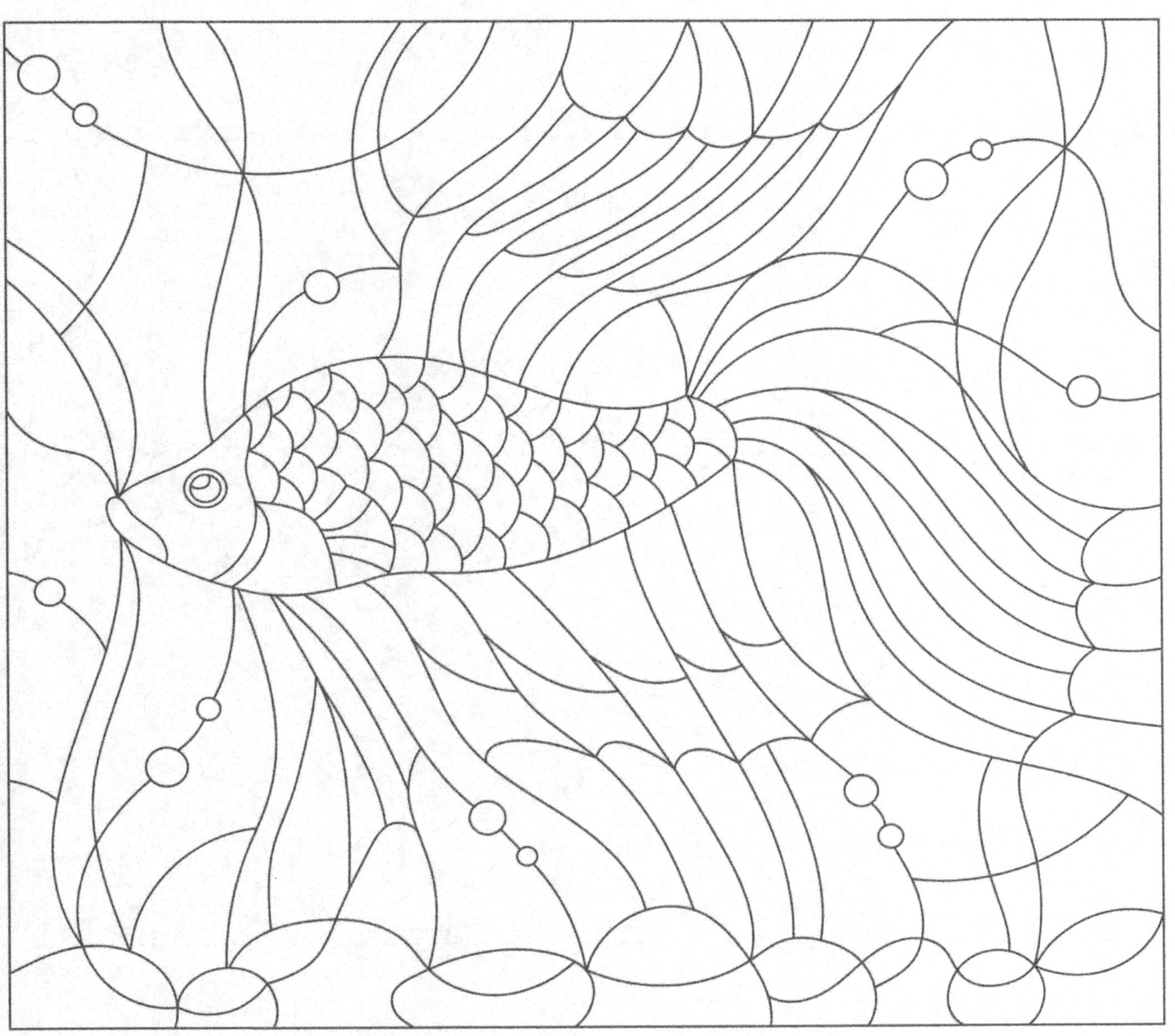

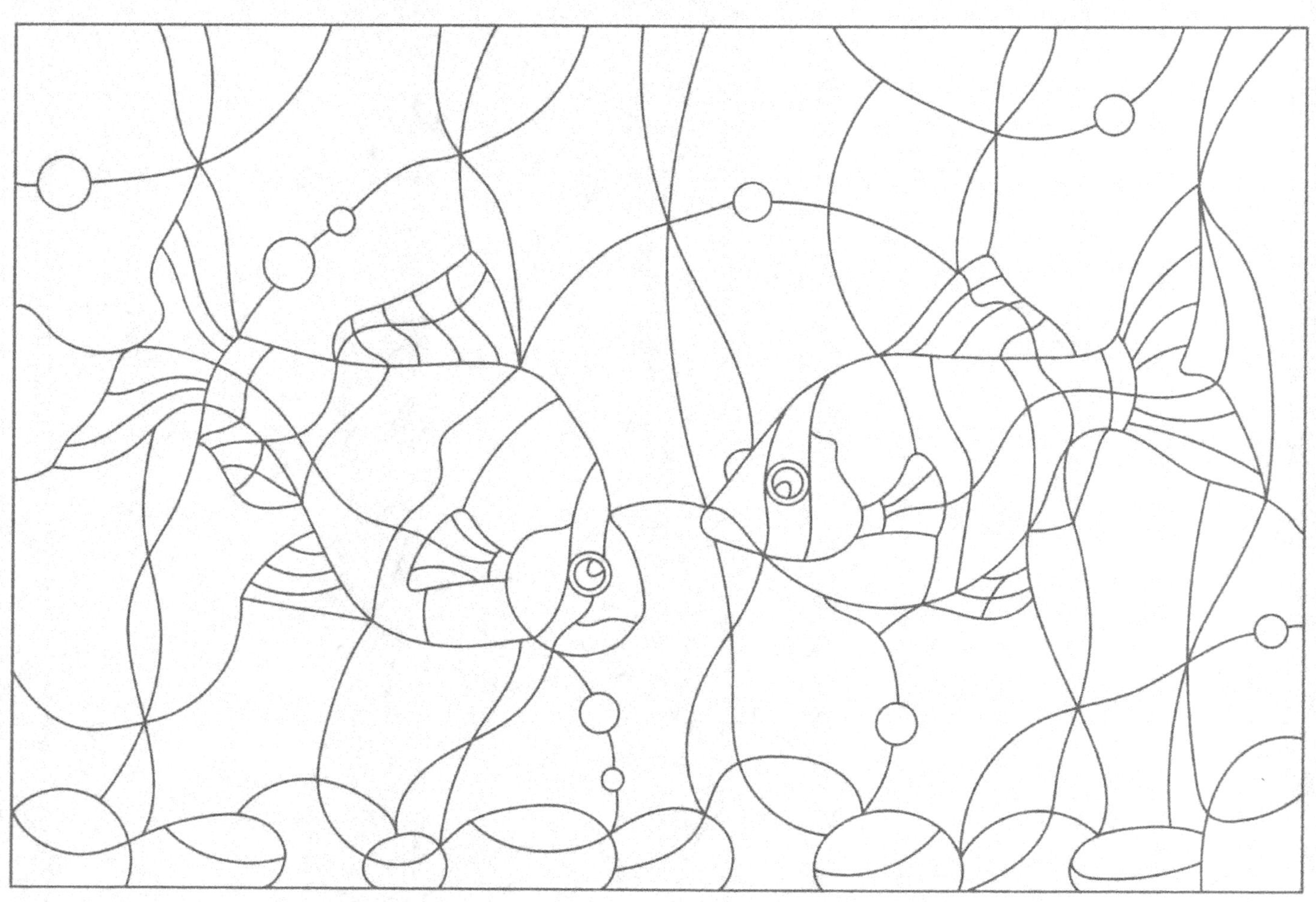

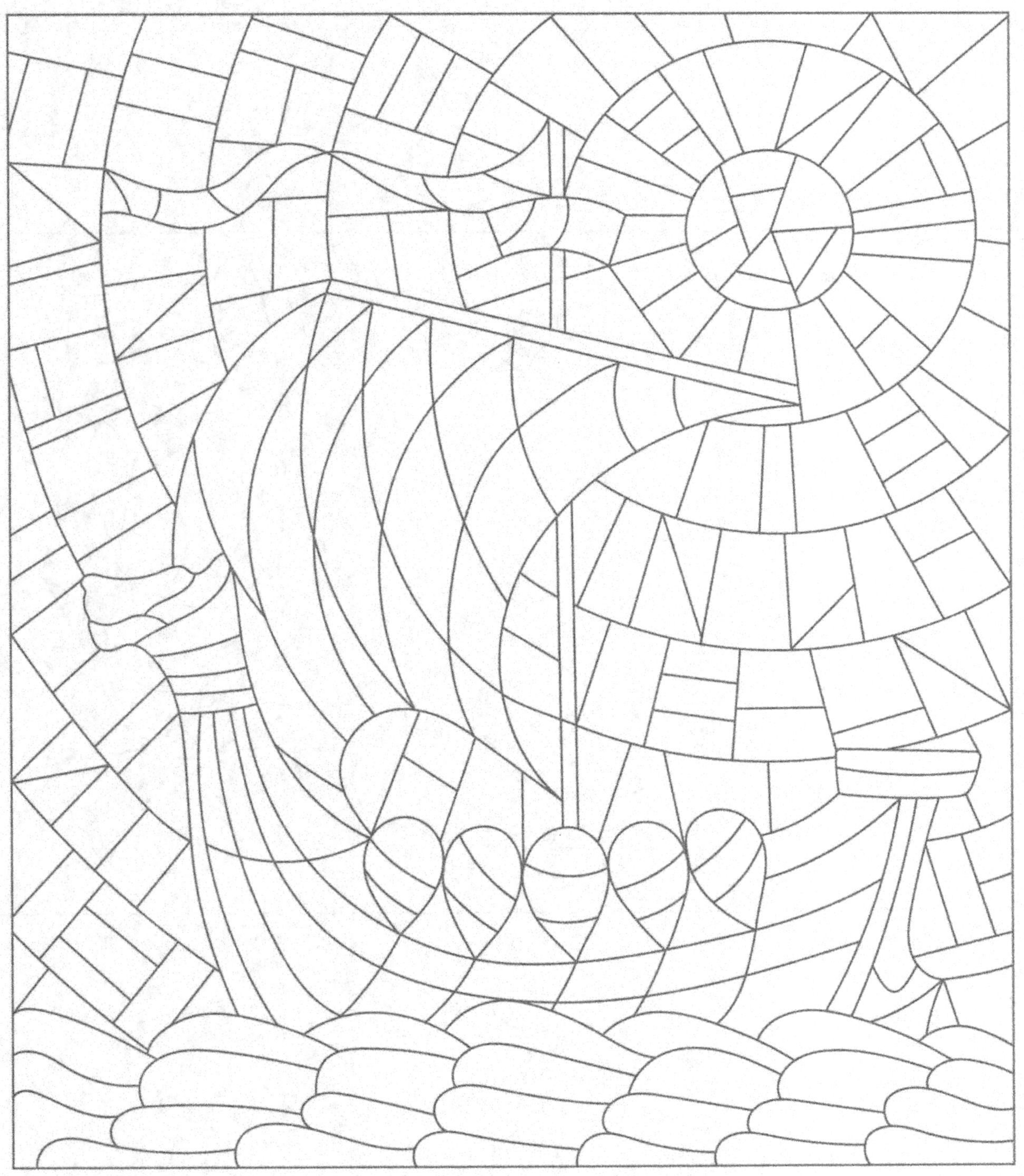

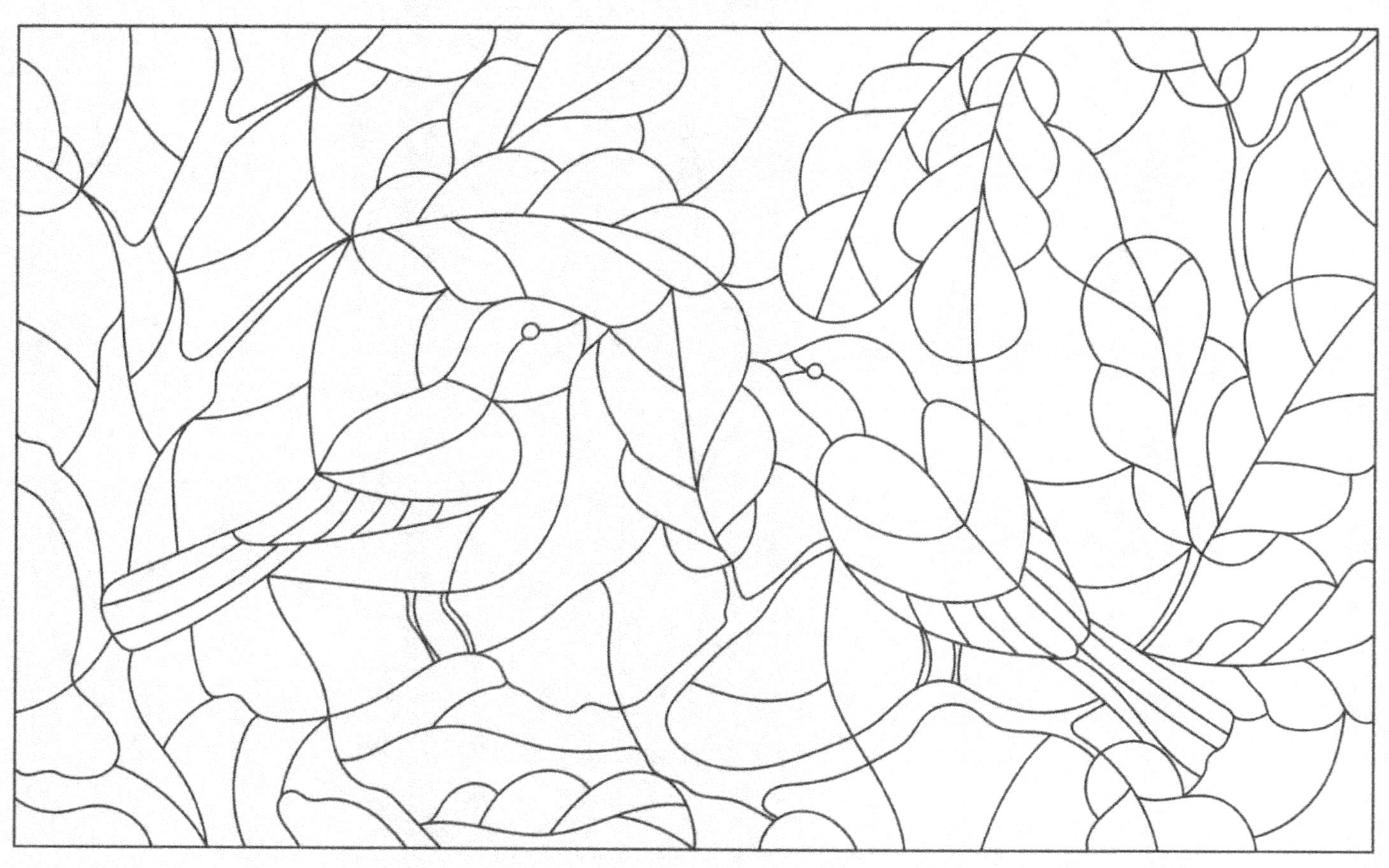

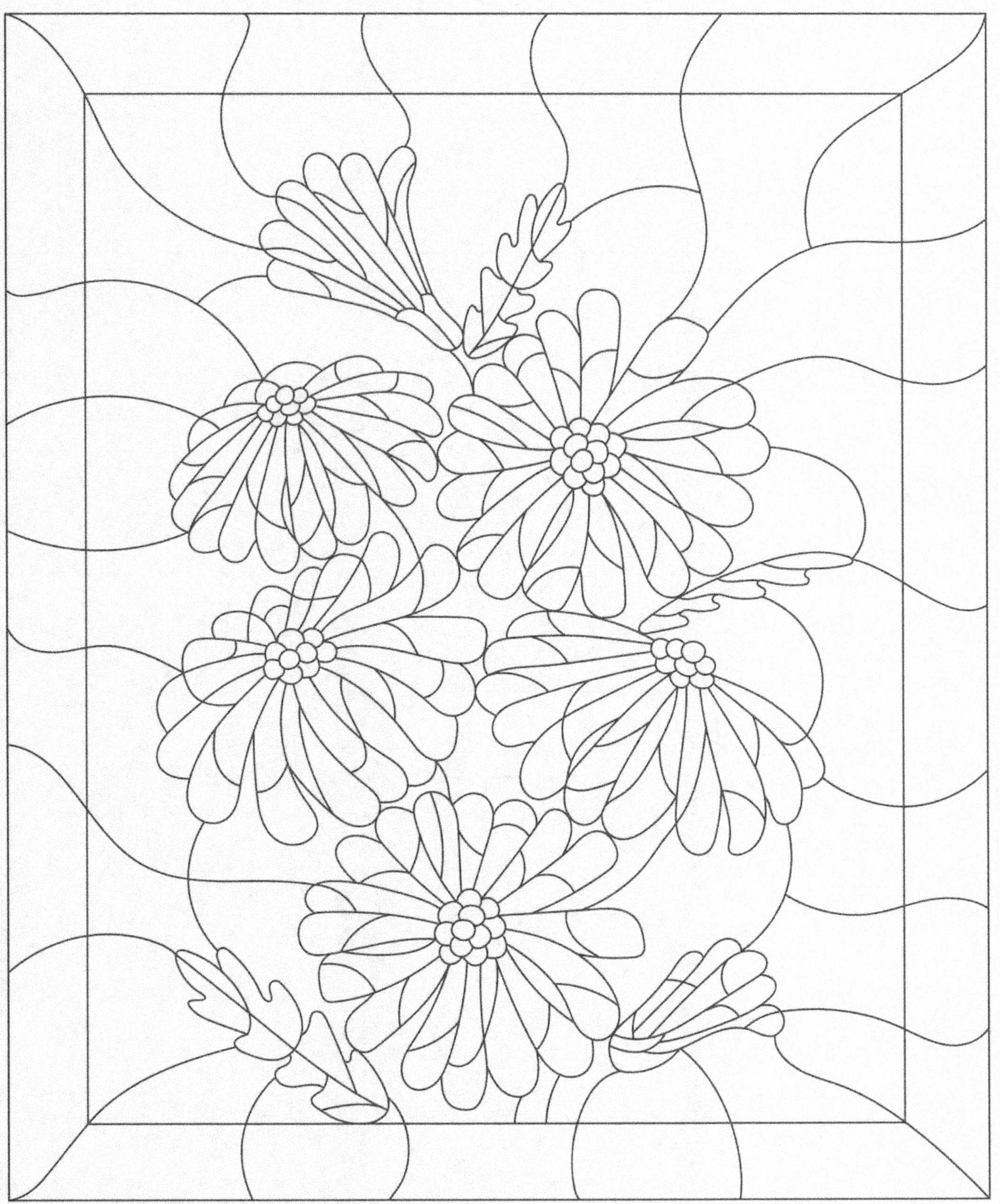

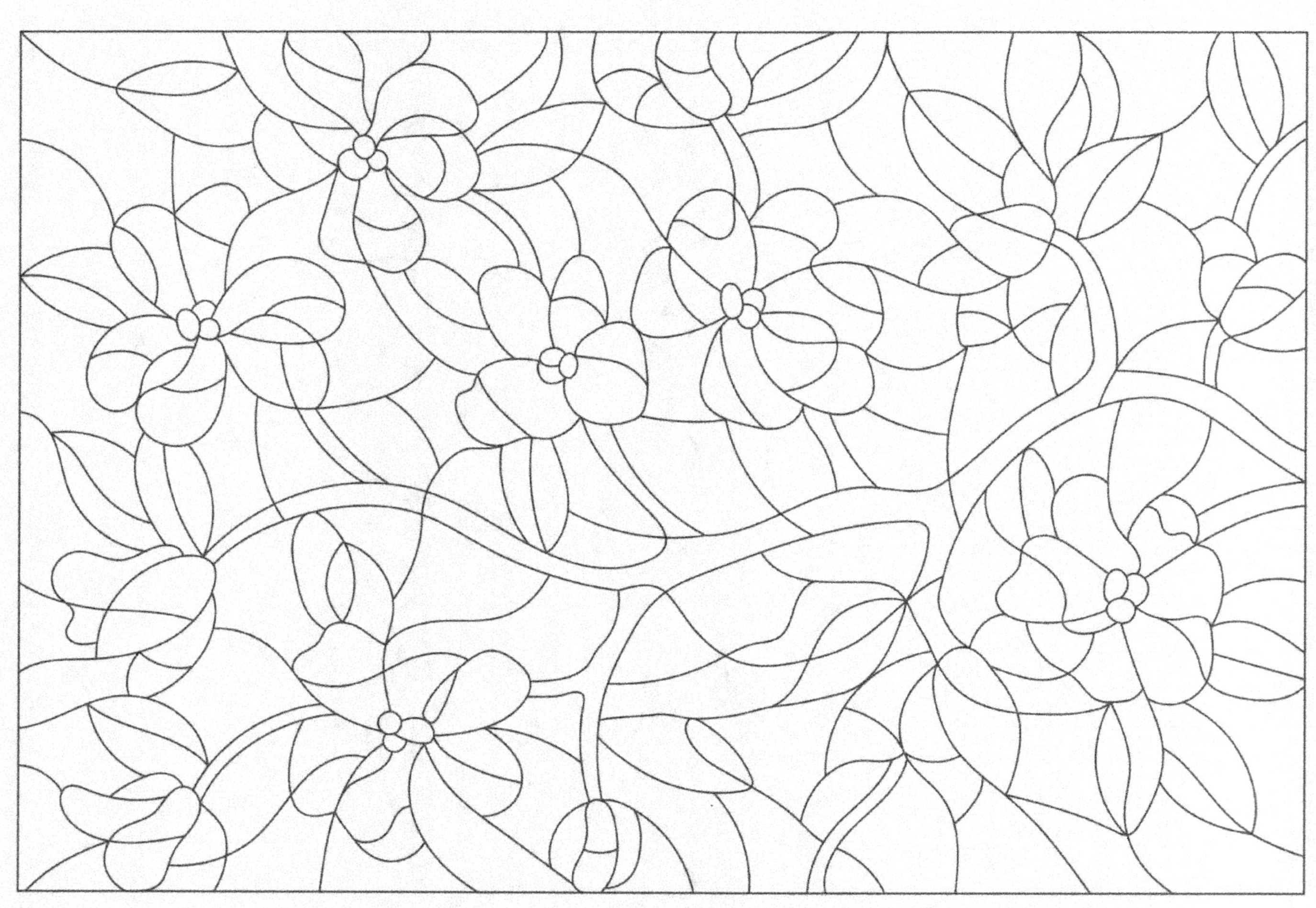

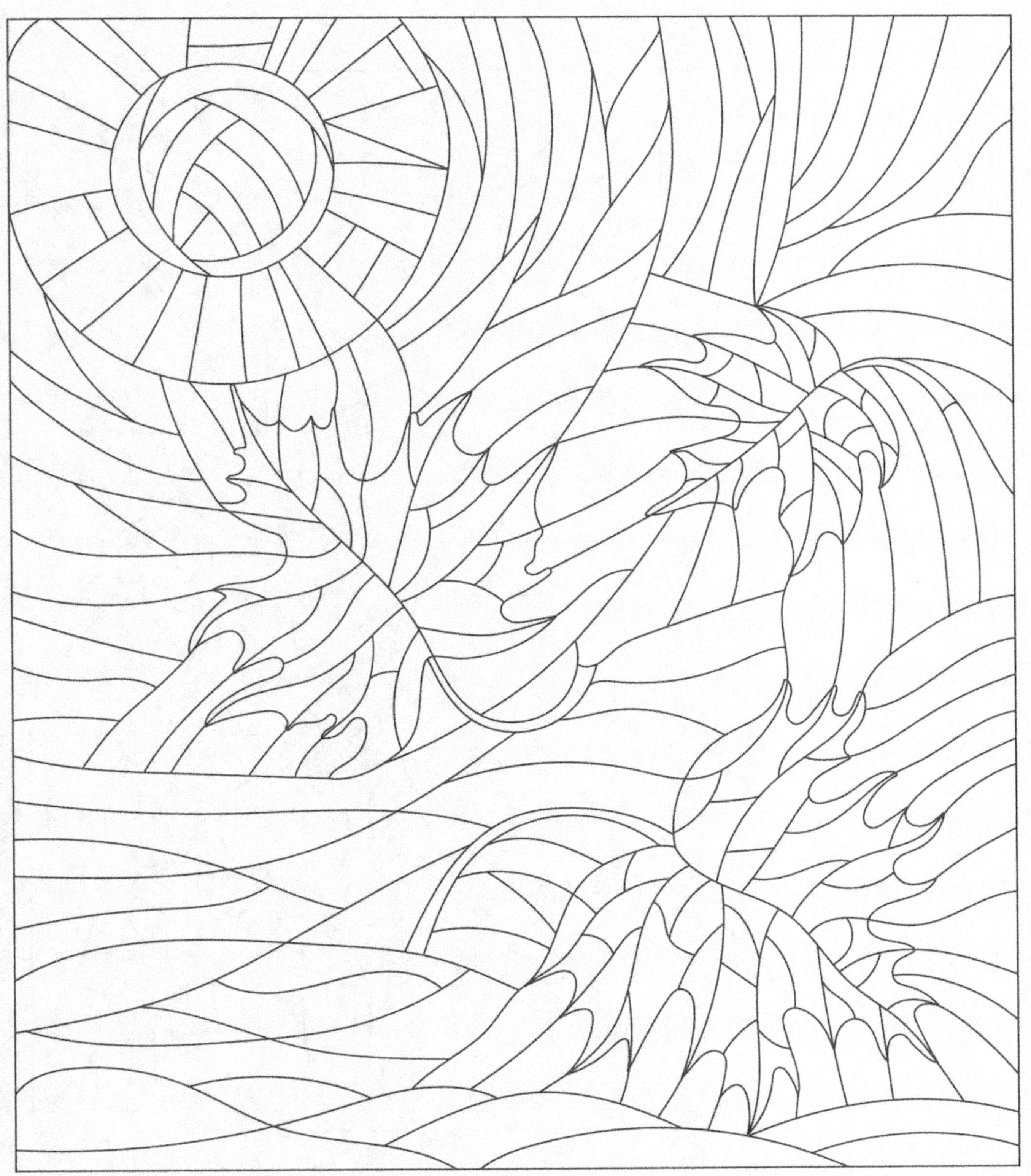

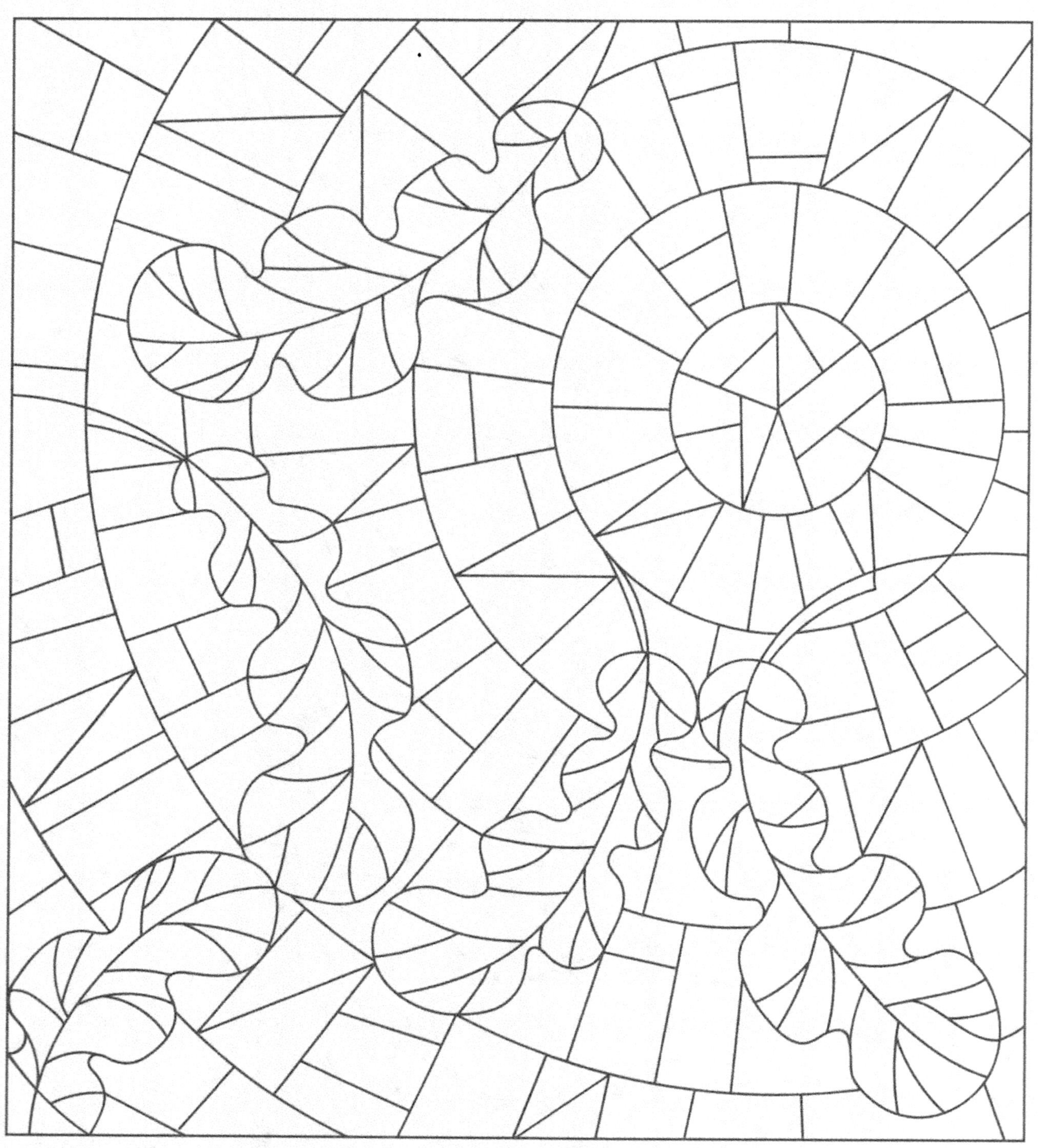

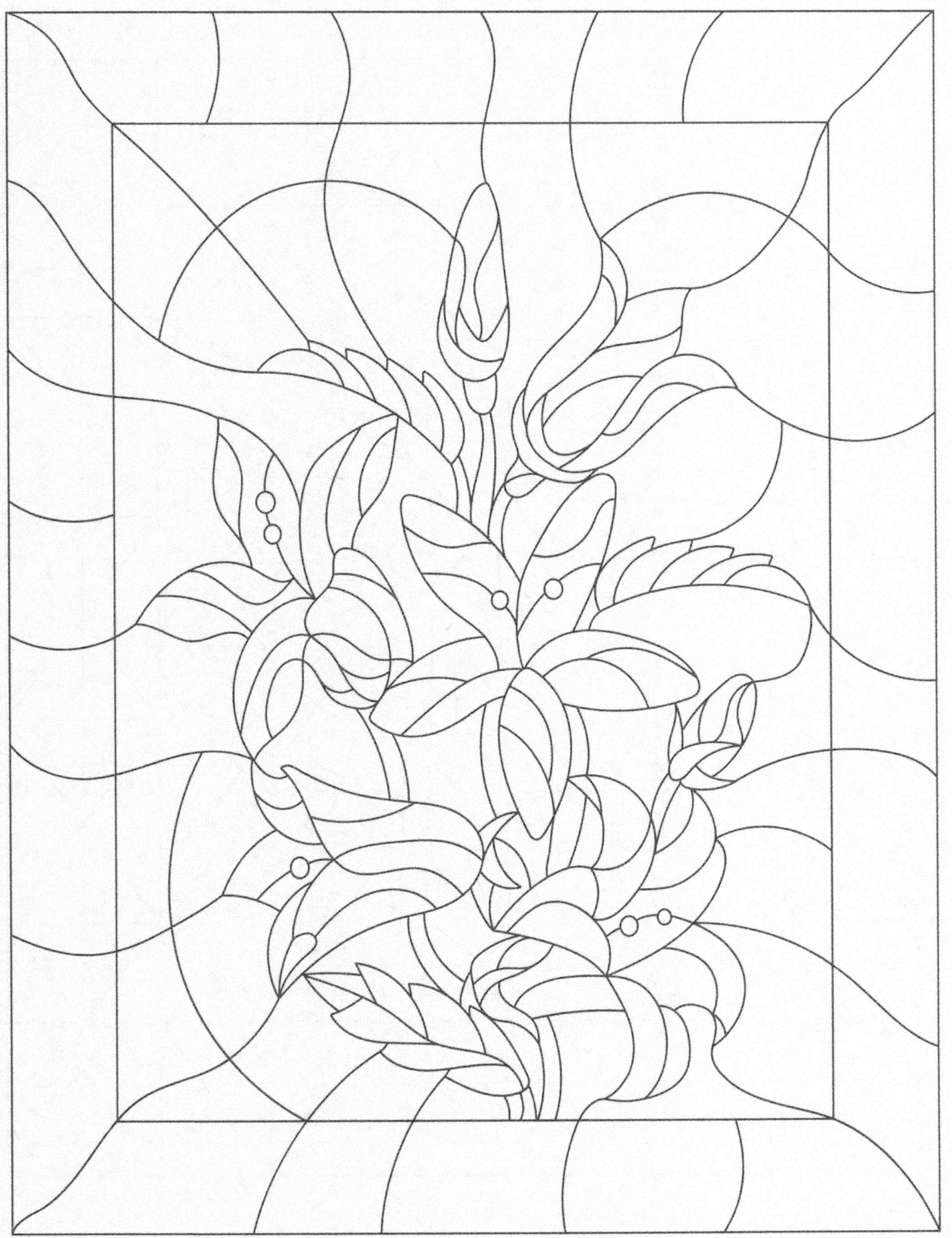

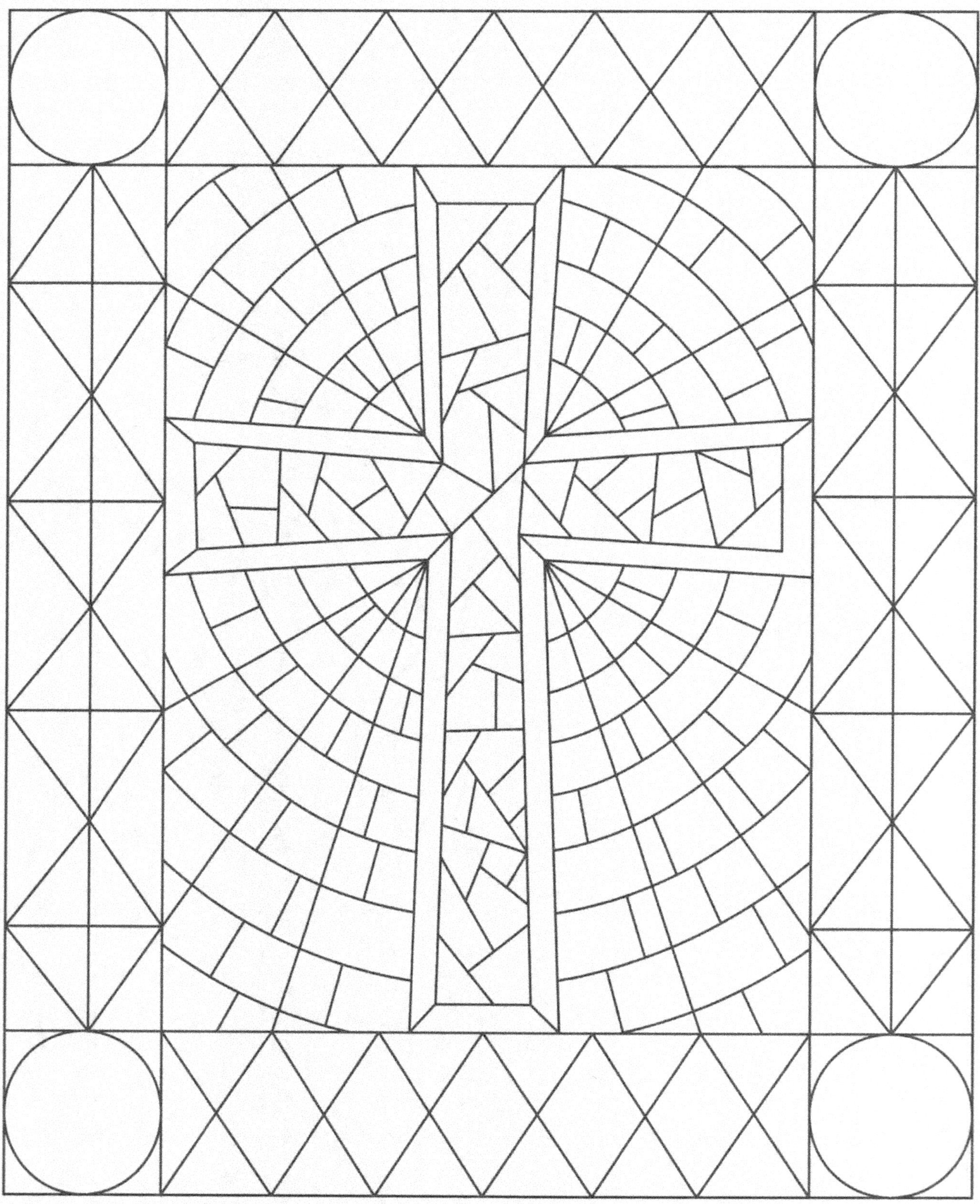

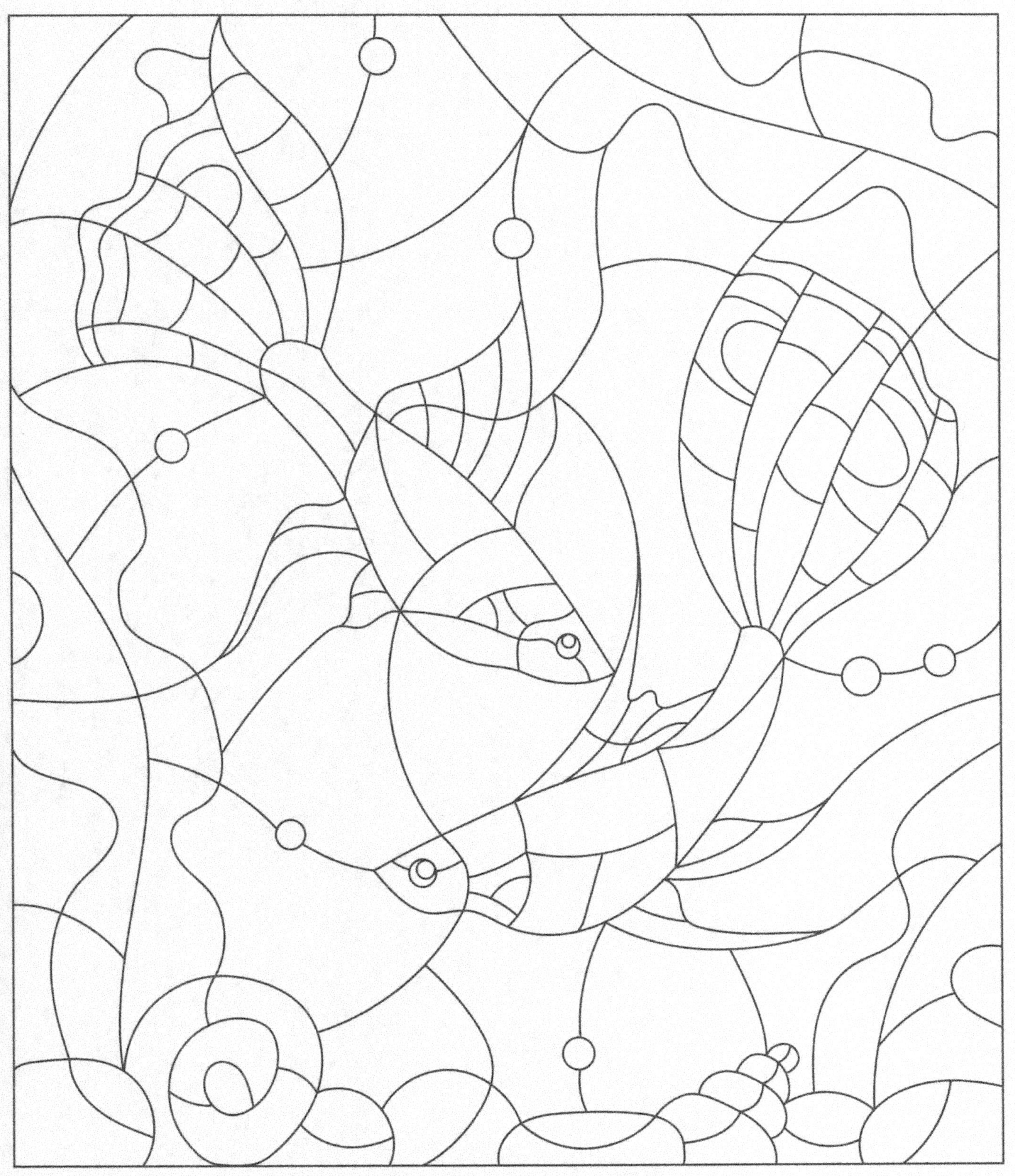

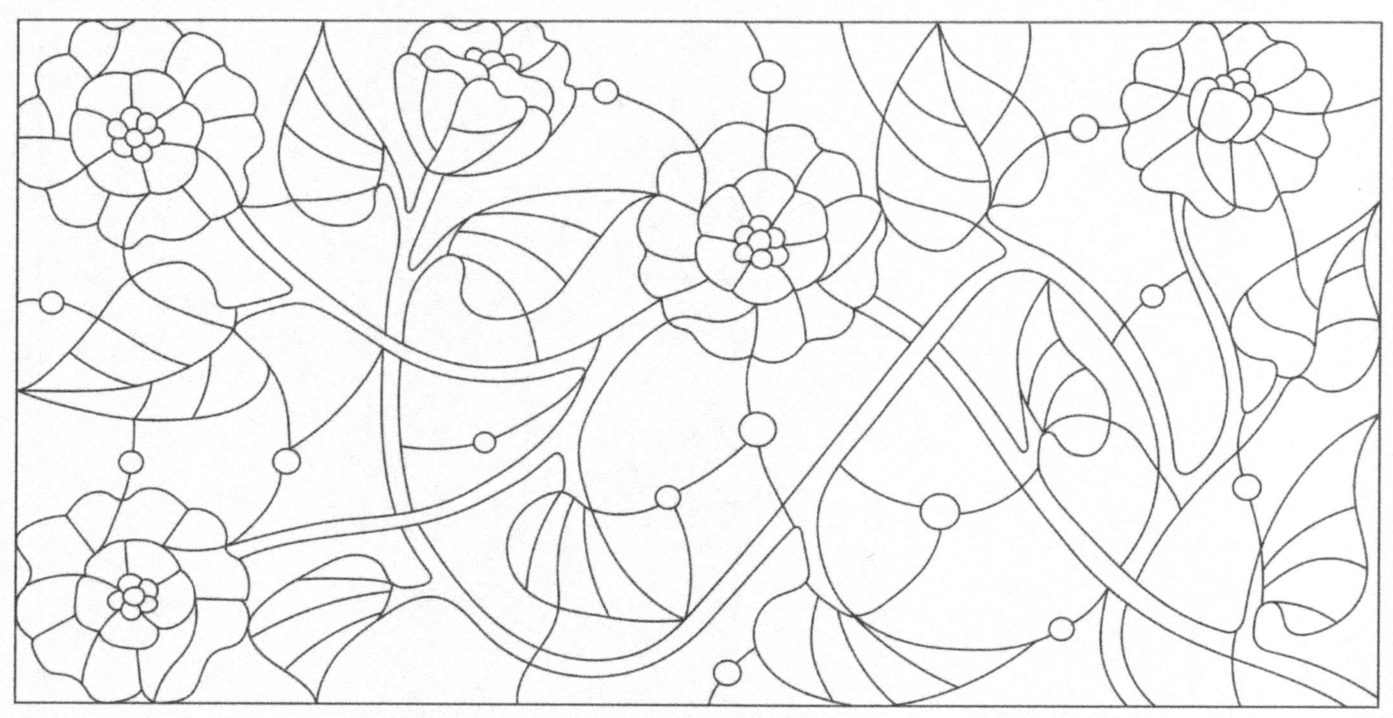

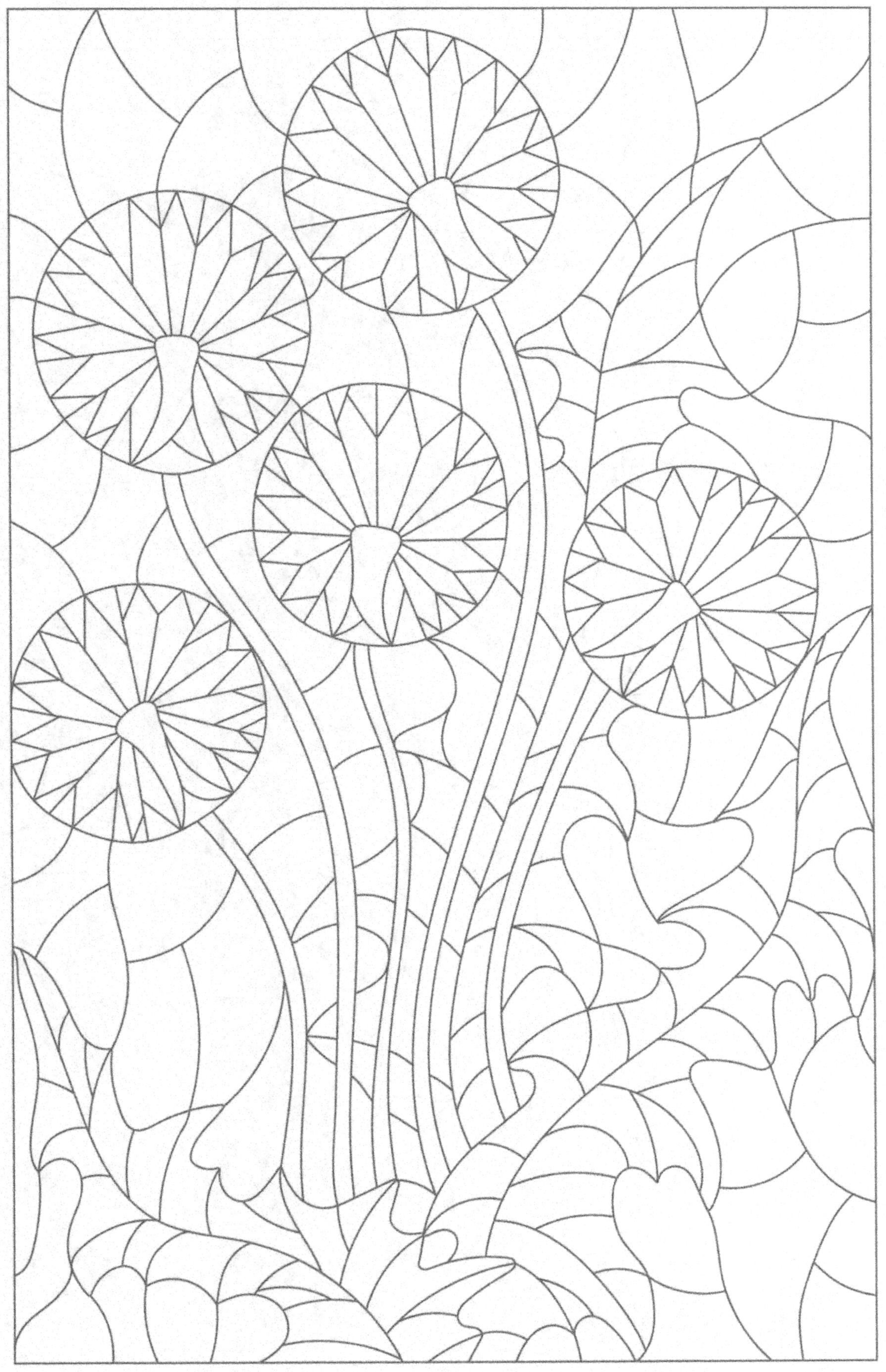

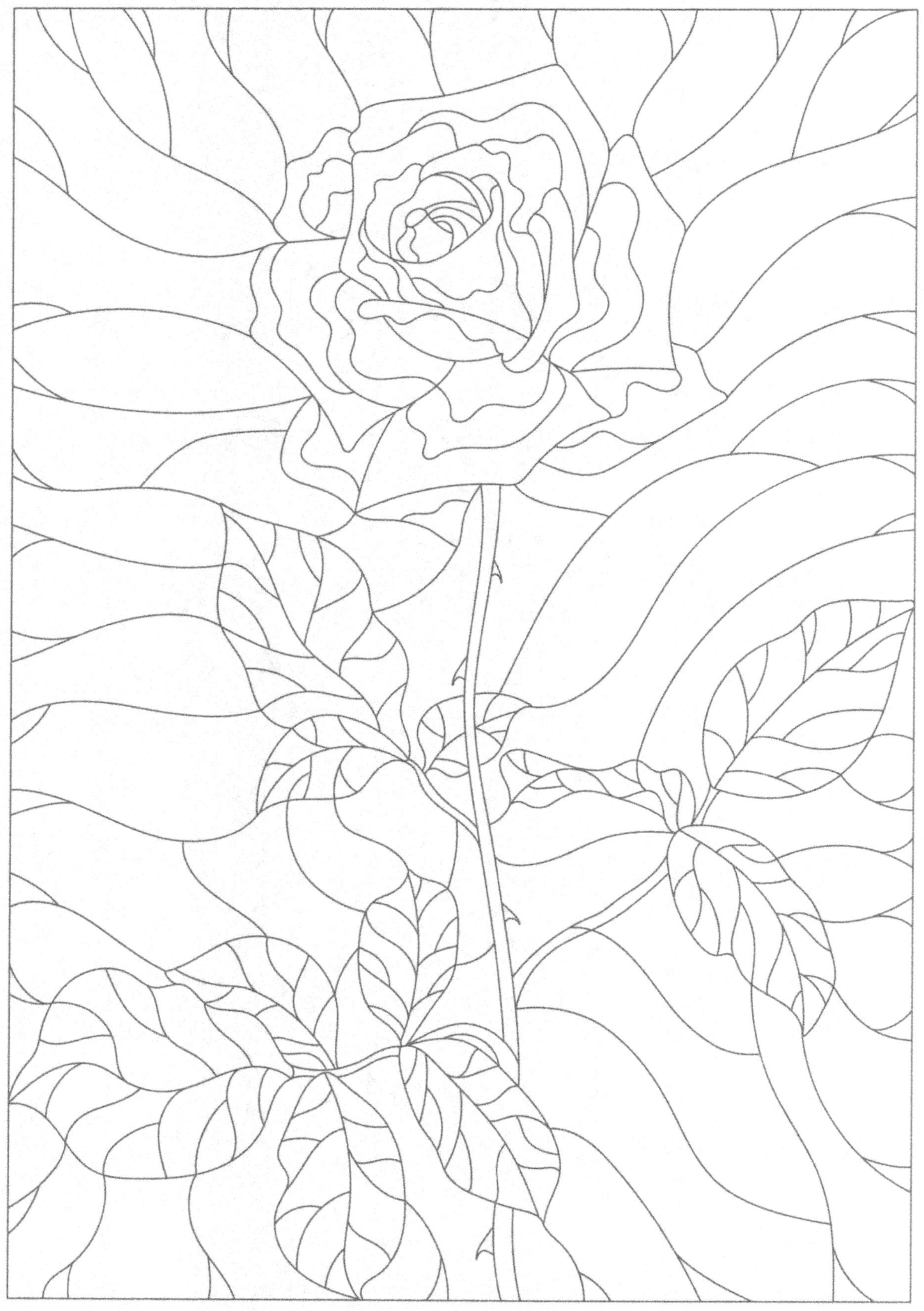

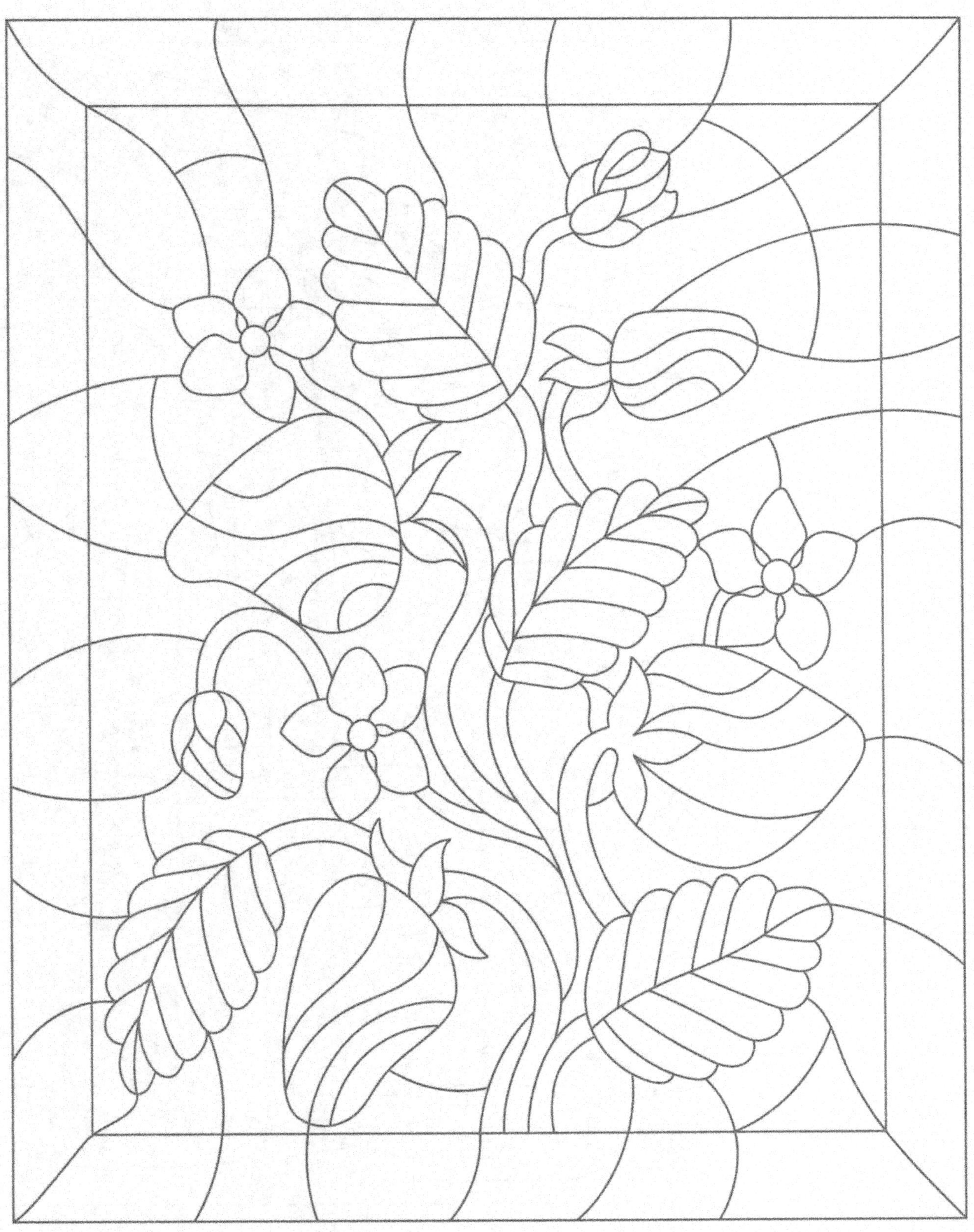

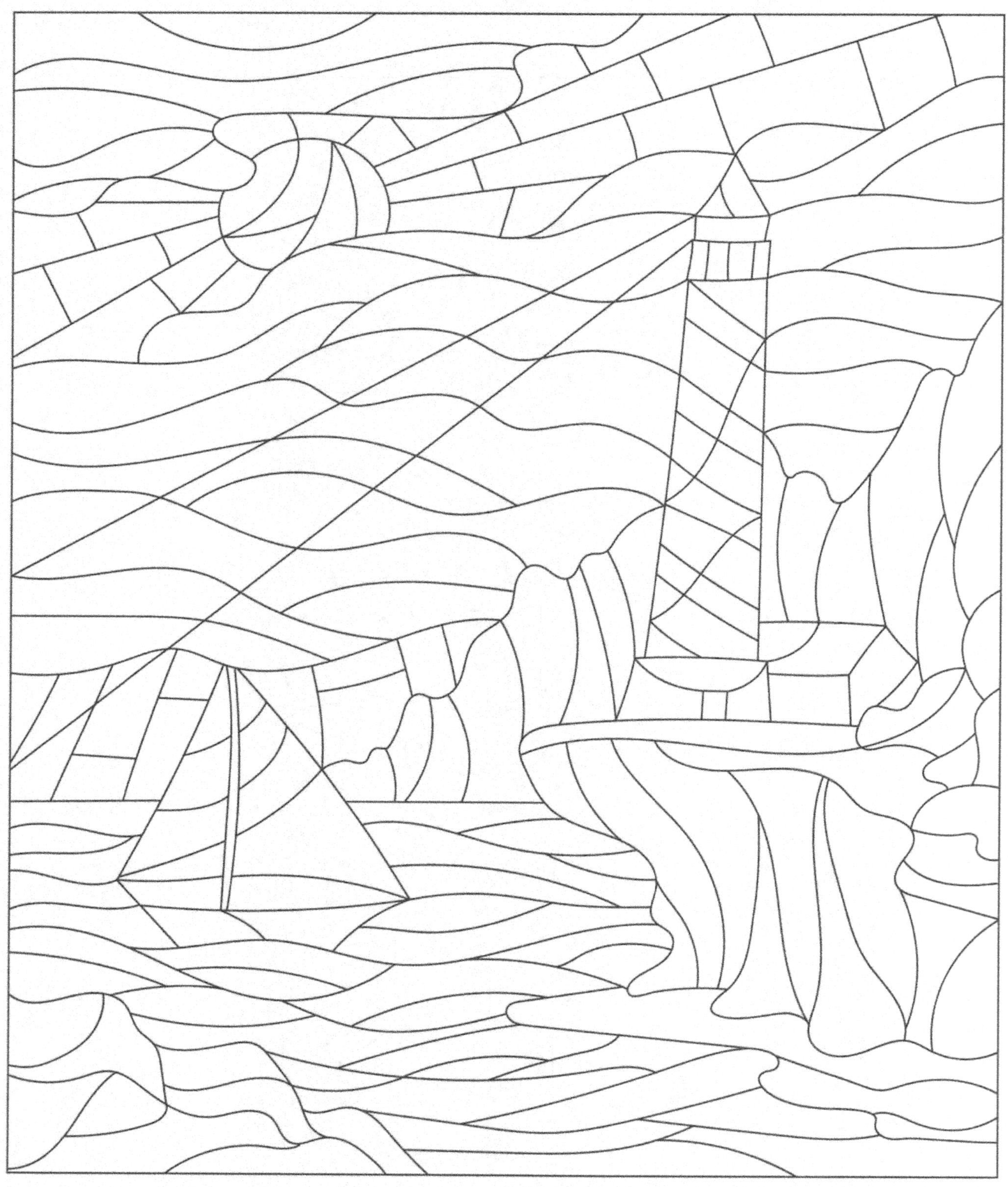

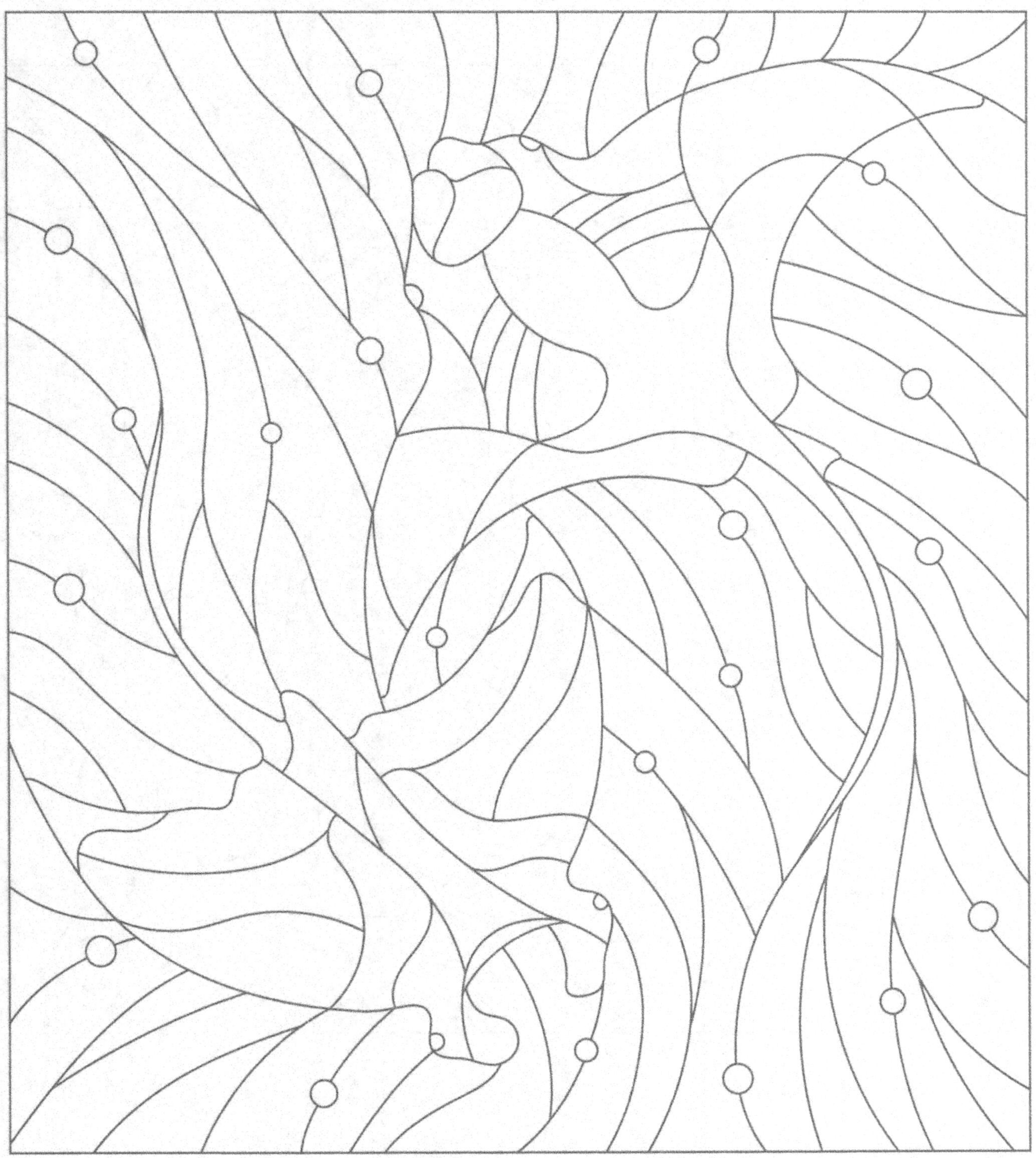

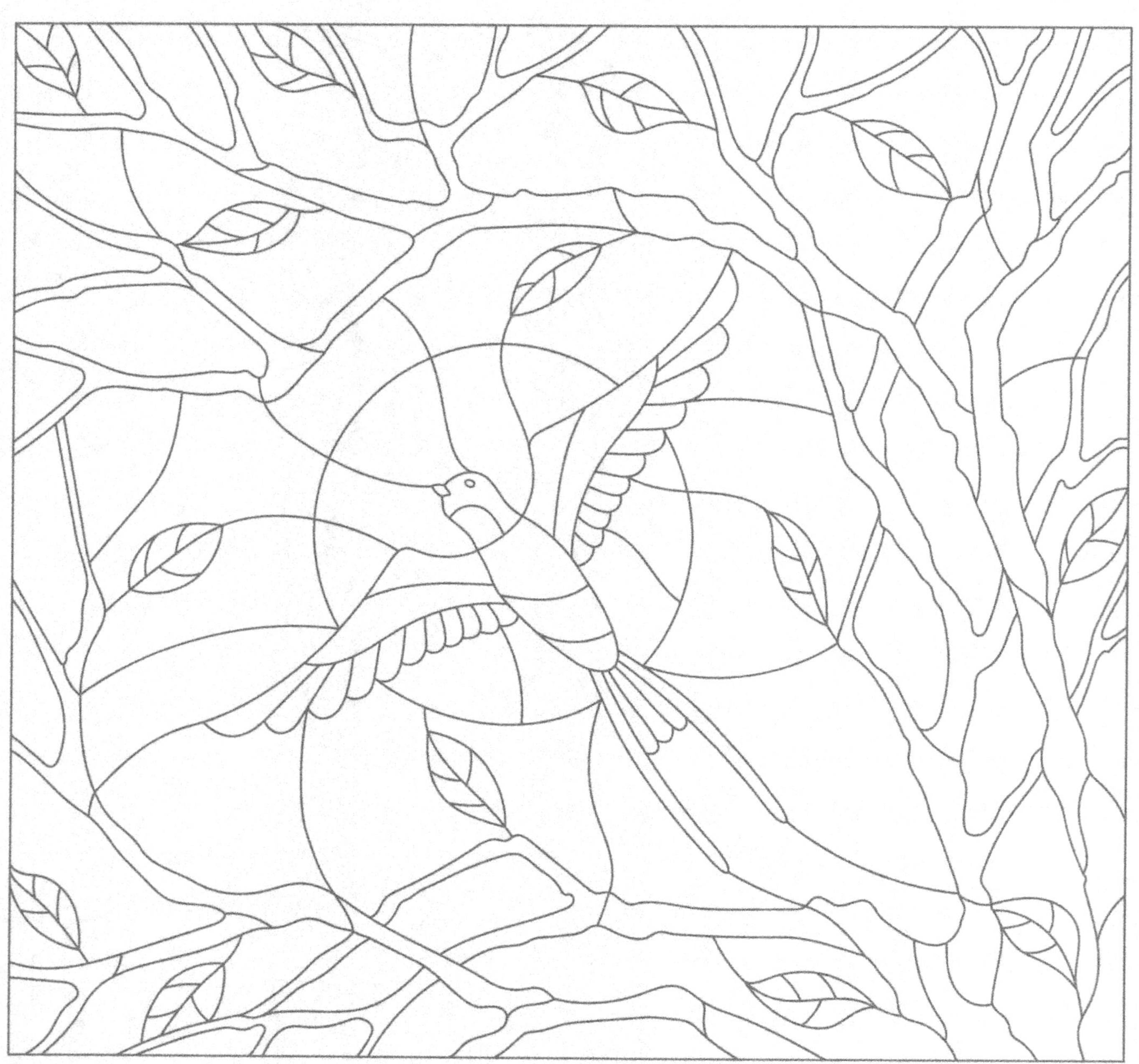

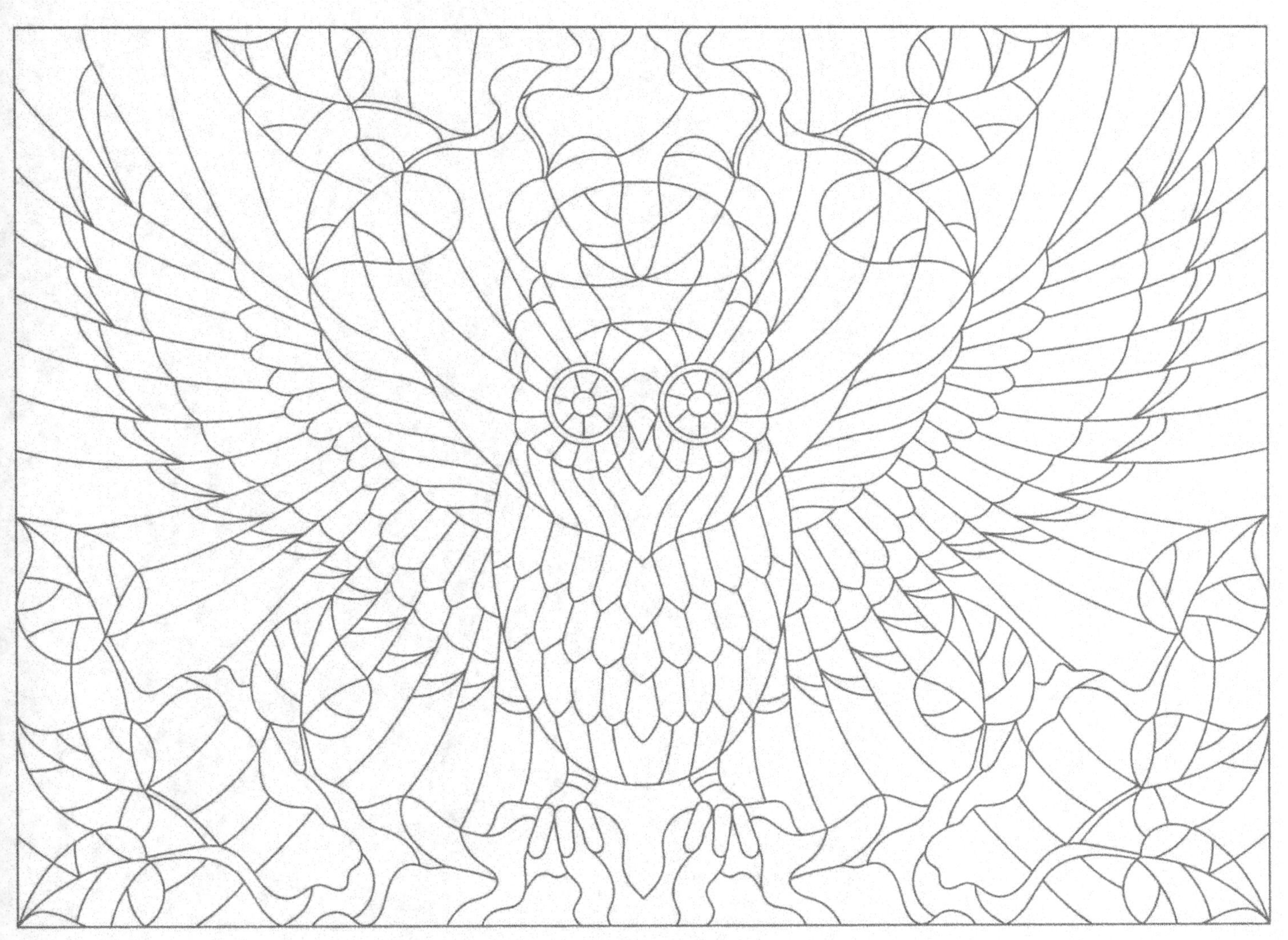